UNGARISCHE BIBLIOTHEK

Für das Ungarische Institut an der Universität Berlin herausgegeben von ROBERT GRAGGER

Erste Reihe

3.

Lebende Rechtsgewohnheiten
und ihre Sammlung in Ungarn

Von

Karl Tagányi

Berlin und Leipzig 1922
Vereinigung wissenschaftlicher Verleger
Walter de Gruyter & Co.
vormals G. J. Göschen'sche Verlagshandlung — J. Guttentag, Verlagsbuchhandlung — Georg Reimer — Karl J. Trübner — Veit & Comp.

Inhaltsverzeichnis.

Einleitung.

Seit Jahrzehnten interessiere ich mich für das Gewohnheitsrecht der verschiedensten Völker, in erster Linie zu dem Zweck, um Parallelen bei ihnen zu suchen zur Aufhellung des alten ungarischen Rechts-, Gesellschafts- und Wirtschaftslebens, bzw. zur Erklärung und zum Verstehen der darauf bezüglichen geschichtlichen Belege. Inzwischen aber habe ich immer auch das Material im Auge behalten, das sich durch die ungarischen volkskundlichen und sprachwissenschaftlichen Forschungen mit Bezug auf das Rechtsleben des Volkes fast von selbst aufgehäuft hat, weil es bis jetzt ja noch nicht zum Gegenstand besonderer Forschung geworden ist. Und als sich sogar aus diesen dürftigen Bruchstücken jene zahlreichen Verbindungen zeigten, welche zwischen den noch jetzt lebenden Rechtsgewohnheiten und dem Gewohnheitsrecht schon lange entschwundener Zeiten bestehen, da erwachte allmählich der Wunsch in mir, wenn irgend möglich in Ungarn eine Sammlung der noch lebenden heimischen Rechtsgewohnheiten anzuregen, was, systematisch und mit der nötigen Kraft begonnen, vielleicht ebenso erfolgreich von statten gehen würde, wie dies bei ähnlichen Bestrebungen in anderen Ländern geschah. Damit diese Arbeit Erfolg habe, müssen in erster Linie die Ergebnisse der bisherigen, einen ähnlichen Zweck verfolgenden Sammlungen, ihre Gesichtspunkte und ihre Methoden untersucht werden.

In der vorliegenden Arbeit beschränke ich mich auf das Familien- und Erbrecht.

Abkürzungen.

AnjOkmt. = Anjoukori Okmánytár (Urkundensammlung aus der Anjouzeit).
ARW. = Archiv für Religionswissenschaft.
ÁrpOkmt. = Árpádkori Új Okmánytár (Neue Urkundensammlung aus der Arpadenzeit).
Értesitő = A magyar nemzeti múzeum néprajzi osztályának értesitője (Anzeiger der ethnographischen Abteilung des Ungarischen Nationalmuseums).
Ethn. = Ethnographia, Budapest.
HazOkmt. = Hazai Okmánytár (Vaterländische Urkundensammlung).
IntAfEthn. = Internationales Archiv für Ethnologie.
MEtSz. = Magyar Etymologiai Szótár (Ungarisches etymologisches Wörterbuch).
MGazdtörtSz. = Magyar Gazdaságtörténelmi Szemle (Ungarische Rundschau für Wirtschaftsgeschichte).
MKönyvSz. = Magyar Könyvszemle (Ungarische Rundschau für Bücherkunde).
MNy. = Magyar Nyelv (Ungarische Sprache).
MTájsz. = Magyar Tájszótár (Ungarisches Dialektikon).
Nyr. = Magyar Nyelvőr (Ungarischer Sprachwart).
NyK. = Nyelvtudományi Közlemények (Sprachwissenschaftliche Mitteilungen).
Száz. = Századok (Jahrhunderte).
ZdSavSt. = Zeitschrift der Savigny-Stiftung für Rechtsgeschichte.
ZfEthn. = Zeitschrift für Ethnologie.
ZfSuWgesch. = Zeitschrift für Sozial- und Wirtschaftsgeschichte.
ZfvglR. = Zeitschrift für vergleichende Rechtswissenschaft.

I.

Die europäischen geschichtlichen, geschriebenen Gewohnheitsrechte. — Lebende, ungeschriebene Rechtsgewohnheiten, Rechtszeremonien und Symbole. — Literatur betr. die Sammlung lebender Rechtsgewohnheiten in der ganzen Welt. — Die lebenden Rechtsgewohnheiten bei den finnisch-ugrischen, türkisch-tatarischen, mongolischen und kaukasischen Völkern in der russischen Literatur. — Systematische Sammlung der russischen und südslawischen Rechtsgewohnheiten. — Die Vernachlässigung des Sammelns der lebenden spanischen, italienischen, französischen, englischen und deutschen Rechtsgewohnheiten. — Bestehende Sammlung des lebenden Gewohnheitsrechts bei überseeischen primitiven und einigen geschichtlichen Völkern in der englischen, nordamerikanischen, französischen, belgischen, italienischen, spanischen, niederländischen und deutschen Literatur. — Die vergleichende ethnologische Rechtswissenschaft und Soziologie. — Die bisherigen Versuche einer Sammlung der ungarischen lebenden Rechtsgewohnheiten. — Die Sammlung der ungarischen Erbgewohnheiten in Mattyasovszkys Buch. — Die zusammenstellenden Fragebogen, die Vorarbeiten zwecks Sammlung sämtlicher ungarischer lebender Rechtsgewohnheiten, Rechtszeremonien und Symbole.

Bei einer Sammlung der lebenden Rechtsgewohnheiten scheiden von selbst die verschiedenen geschichtlichen, aufgezeichneten und in rechtliche Formen gegossenen Gewohnheitsrechte aus; wie z. B. die zwischen dem 5. und 9. Jahrhundert schriftlich abgefaßten Gewohnheitsrechte der germanischen Volksstämme, wie das Gewohnheitsrecht der keltischen Iren, das im 5., und das der Waliser, das im 10. Jahrhundert entstanden ist. Ebenso scheidet aus die »Russkaja Prawda«, die nach GOETZ [1]) aus der ersten Hälfte des 9. Jahrhunderts stammt; aus dem Ende des 11. Jahrhunderts die norditalienische »Lombarda«; die seit dem 12. Jahrhundert entstandenen französischen Provinz-»coutumes« und das zu Ende desselben Jahrhunderts zustande gekommene englische »common law«; die im 12. und 13. Jahrhundert aufgezeichneten skandinavischen Rechte (das isländische, norwegische, schwedische, dänische); die im 13. Jahrhundert zusammengestellten deutschen Schwaben- und Sachsenspiegel usw.; gar nicht zu sprechen von den orientalischen und außereuropäischen geschriebenen Rechten. Viel näher stehen unserem Stoffe z. B. die deutschen »Weisthümer«, die »Pantaiding« usw., das heißt die dörflichen Gewohnheitsrechte, deren älteste bis ins 13. Jahrhundert zurückreichen. Diese hat JAKOB GRIMM in 6 Bänden 1840—69 gesammelt und

1) *Das russische Recht.* I. Die älteste Redaktion des russischen Rechtes. Stuttgart 1910.

in seinem Werk »Deutsche Rechtsalterthümer« bearbeitet; MAURER nun hat sie in seiner *Geschichte der Dorfverfassung in Deutschland* und in seinen sonstigen Werken verwertet; ihre Veröffentlichung ist noch immer im Gange. Die Sammlung der alten österreichischen Dorfgewohnheitsrechte besteht bis jetzt aus 8 Bänden, deren siebenter [1]) für uns noch deshalb von besonderem Interesse ist, weil er auch das deutsche »Pantaiding« einiger zur Heiligenkreuzabtei gehörigen Dörfer des Wieselburger und Preßburger Komitats aus dem 15.—17. Jahrhundert herausgibt.

Das landesgeschichtliche Gewohnheitsrecht Ungarns besitzen wir in dem »Dreibuch« [Hármas könyv] des WERBŐCZY aus dem Jahre 1514 (*Tripartitum Juris Consvetudinarii Inclyti Regni Hungariae*), das besonders auf dem Gebiet des Privatrechts das damals lebende Gewohnheitsrecht in ein System brachte. Unserer ungarischen Rechtsgeschichte harrt nun die Aufgabe, aus den vor der Zeit WERBŐCZYs ausgestellten Urkunden die in diesen vorkommenden sämtlichen Gewohnheitsrechte (consuetudo) zu sammeln, damit daraufhin künftig die Quellenkritik der eigentlichen Gewohnheitsrechte des »Dreibuchs« möglich wird. Außer unserem Landesgewohnheitsrecht sind auch noch Partikulargewohnheitsrechte vorhanden, zu denen u. a. aus dem 14. Jahrhundert die »Zipser Willkür« der Zipser Sachsen, aus dem 16. Jahrhundert die Szekler Gesetze, das Stadtrecht der Siebenbürger Sachsen usw. gehören. Hieran schließt sich auch das von LUDWIG THALLÓCZY im Archiv des Grafen Fanfogna in Trau aufgefundene und in der MGazdtörtSZ. III. (1896.) 142—169, und separat veröffentlichte, zwischen Knin und Nona lebende kroatische Gewohnheitsrecht, das die Zaraer Behörde von Venedig im Jahre 1551 und 1553 in italienischer Sprache aufzeichnen ließ. Dasselbe hat auch BOGIŠIĆ im Jahre 1867 in vollständiger Form in einer Handschrift der Raguser Franziskaner entdeckt und im *Rad* (I. 229—236.) der Agramer Akademie veröffentlicht. Deutsch von LUDWIG THALLÓCZY, *Wissenschaftliche Mitteilungen aus Bosnien und der Herzogowina* (XI. 294—309.) und *Illyrisch-Albanische Forschungen.* München-Leipzig 1916. I. 487—526; ferner Kroatisch *Glasnik semaljskoga museja sa Bosnu i Hercegowinu.* 1896. 17—36. Dagegen behauptet Dr. STROHAL [2]), daß es bereits im Jahre 1862 unter dem Titel *Consuetudine croate da Zara a Nona* in einem in sehr wenigen Exemplaren gedruckten Heft erschienen sei.

Die Rechte und Verpflichtungen des Bauernvolkes in Ungarn regeln zum Teil schon seit Anfang des 13. Jahrhunderts genauer die Urbarien, Konskriptionen und Dienstverträge und die Soltész-Schultheiß-

---

1) WINTER, *Niederösterreichische Weisthümer.* Wien 1886. VII. 1026—1050.
2) *Statuti primorskih gradowa i općina. Bibliografički nacrt.* Agram 1911. S. 118/119.

und Kenéz-Knesiat-Briefe. Was für eine unendlich wertvolle und unerschöpflich reiche Quelle würde sich für die Ethnographie, Rechts- und Wirtschaftsgeschichte erschließen, wenn all dies systematisch zusammengestellt und veröffentlicht werden könnte. Wie die Deutschen, so besitzen auch die Ungarn die sog. »Dorfgesetze«, besonders von solchen Gemeinden, welche die Fron und gutsherrliche Gewalt nicht kannten, wie z. B. die Siebenbürger Sachsen, die Szekler Dörfer, die ungarischen freien Gemeinden und Marktflecken, wie z. B. die Hegyaljaer und Heiduckenstädte, adlige Gemeingüter (compossessoratus) usw. schon vom 16. Jahrhundert ab. Solche finden sich zerstreut in den Veröffentlichungen zur sächsischen Geschichte, in der Szekler Urkundensammlung und in der MGazdtörtSz., aber hauptsächlich in den wertvollen Bänden des Corpus Statutorum, in welchem die Rechtsvorschriften der Komitatsbehörden auch Beachtung verdienen, da sie seit dem 16. Jahrhundert tief in das Landleben und die Rechtsverhältnisse eingreifen. Es ist nur schade, daß in den ungarischen Archiven noch immer unzählige Komitats- und Stadtstatuten sowie Dorfgesetze unveröffentlicht verborgen liegen.

Gegenüber all diesen geschichtlichen, geschriebenen Gewohnheitsrechten besitzt jede Nation ungeschriebene, nicht in eine rechtliche Form gegossene Rechtsgewohnheiten, Rechtsgebräuche und Symbole, die fast unbewußt, lediglich durch die Kraft der alten Überlieferung und Gewohnheit fortleben und sich von Geschlecht auf Geschlecht vererben. So bewahrt das Volk ein ganzes Heer solcher Rechtsgewohnheiten und Symbole, die aus den höheren Gesellschaftsklassen schon vor uralten Zeiten das Gesetz, die Veränderung der Weltanschauungen oder besondere Umstände verdrängt haben. Daher suchen wir später für solche, beim Volke übriggebliebenen Rechtsgebräuche vergebens eine Erklärung in der Gegenwart. Zwecks richtiger Deutung müssen wir uns zumeist an die Rechtsauffassung und Grundsätze längst vergangener Zeiten wenden. Manchmal sogar weisen diese Gebräuche noch weiter zurück, und zwar auf einen uralten Glauben und Kultus und auf einen primitiven gesellschaftlichen Organismus. Für dieses ungeschriebene Gewohnheitsrecht wird die arabische Bezeichnung *adat* = Gewohnheit der Eingeborenen (mos) verwendet.

Auf die lebenden Gewohnheitsrechte und ihre Wichtigkeit ist man zu allererst auf einem Umweg gekommen, nämlich beim Studium der verschiedenen wilden und primitiven, mit einem Worte, der außerhalb des Kreises unserer Zivilisation fallenden Völker. Die ältesten hierauf bezüglichen Aufzeichnungen müssen wir daher in erster Linie, beinahe von Herodot an bis zur neuesten Zeit, in den Schilderungen der Reisenden suchen. In der Neuzeit hat die Kolonieerwerbungspolitik der Staaten nicht nur die Zahl der Reisenden vergrößert und immer wieder zu neuen Entdeckungen angeregt, sondern auch allmählich die Staaten selbst dazu gezwungen, daß sie das Studium der eroberten unbekannten Gebiete und Völker immer mehr fördern.

Auf diese Notwendigkeit ist vielleicht zuerst der russische Staat hingewiesen worden, in dem man schon seit Beginn des 18. Jahrhunderts von Amts wegen mit geeigneten Fachkräften und mit staatlicher Subvention die systematische Aufzeichnung der verschiedenen Gebiete und Völker des Reiches begann. So kamen noch im 18. Jahrhundert zustande: 1715 die beiden Aufzeichnungen von NOWICKI über die Ostjaken (MAIKOW 1884 in neuer Auflage); 1762 RYČKOWs Topographie (1887 in neuer Auflage); 1771 GMELINs Reisen; 1773—88 PALLAS' vierbändige und 1799 GEORGIS dreibändige Beschreibungen; 1786 KRAŠČENNIKOWs Beschreibung Kamtschatkas; 1788—89 MAKSIMOWIČs, 1801—09 MAKSIMOWIČs und ŠČEKATOWs große russische geographische Wörterbücher; 1795—1805 LEPECHINs Reisen usw.

In der zu immer größeren Dimensionen anwachsenden Reise- und geographischen Literatur hat sich ein gewaltiger ethnographischer Stoff angesammelt, der sich zum Teil auch auf die Rechtsgewohnheiten ausgedehnt hat. Von diesem Gesichtspunkt aus ist der Schritt noch wichtiger, daß Russland schon seit Beginn des 18. Jahrhunderts in den veröffentlichten zaristischen Verordnungen und amtlichen Instruktionen jenes Recht der eroberten Völker anerkannte, daß diese in ihren eigenen Angelegenheiten selbst gemäß ihren eigenen Rechtsgewohnheiten verfahren könnten. Da nun hierdurch die Rechtsgebräuche beiläufig eine Ergänzung der russischen Staatsgesetze wurden, so wurde ihre systematische Zusammenstellung hier am dringendsten, abgesehen von einigen englischen Beispielen. — Die erste Zusammenfassung der Rechtsgewohnheiten aus dem Jahre 1822 ist das Verdienst des Staatsmannes Grafen SPERANSKI, der durch die Kodifikation der russischen Staatsgesetzsammlung (Swod Zakonow) seinen Namen denkwürdig gemacht hat. Die Rechtsgewohnheiten der sibirischen Völker sind an Ort und Stelle aus dem Munde der betreffenden Völker bei der Zusammenkunft ihrer Notabeln zusammengestellt und beglaubigt worden. Wenn auch wortkarg, so sind sie für die Ungarn doch eine der interessantesten Gewohnheitsrechtsquellen. In ihnen nämlich bietet sich Gelegenheit, das lebende Recht der finnisch-ugrischen und türkisch-tatarisch-mongolischen Völker, namentlich der Wogulen, Ostjaken, Kalmücken, Tataren, Samojeden, Tungusen, Burjäten, Jakuten und Kirgisen, in seiner ältesten Fassung kennen zu lernen. Fast wäre diese Sammlung zugrunde gegangen, da sie nur im Jahre 1841 als Handschrift in sehr wenigen Exemplaren für den russischen Staatsrat gedruckt worden war, als im Jahre 1876 der Warschauer Universitätsprofessor SAMOKWASOW diese nach einem solchen übriggebliebenen Exemplar herausgab [1]). Das lebende Gewohnheitsrecht der kaukasischen Völker hat die russische Regierung in den Jahren 1836—44 sammeln lassen, welches LEONTOWIČ herausgab [2]) und der Sozialschriftsteller und Schüler Maine Sumner's KOWALEWSKI in seinen beiden Werken [3]) bearbeitet hat, von welchen das erste in Englisch (Modern customs and ancient law. London 1891) und auch in Französisch (Coutume contemporaine et loi ancienne. Droit coutumier Ossétien. Paris 1893) erschienen ist. Besonders durch die richtunggebende Tätigkeit KOWALEWSKIs erreicht die genauere Sammlung und Bearbeitung der Rechtsgewohnheiten der fremden Nationalitäten des russischen Reiches ihren Höhepunkt.

Aus dieser großen Literatur des Gewohnheitsrechts hebe ich nur die die Ungarn näher interessierenden Völker hervor. Hierher gehört aus dem Kreise der finnisch-ugrischen Völker die Monographie MAINOWS [4]) über das Rechtsleben der Mordwinen, dann die Artikel von TRIROGOW über das mordwinische Gemeindeleben, über die Feldgemeinschaft, die jährliche Auslosung der Felder und über Heiratsgebräuche [5]) und KRASNOPEROW über den mordwinischen Familien- und Gemeindeverband [6]). Über die Rechtgebräuche der Wogulen berichtet nur NOSSILOW [7]). Das von DMITRIEW-MAMONOW und GOLODNIKOW verfaßte Gedenkbuch [8]) gibt auf 55 Seiten eine ausführliche Beschreibung des Gewohnheitsrechts der Ostjaken; POPOW hat in dem Tobolsker Regierungsblatt 1882. Nr. 25—28 eine spezielle Monographie über die Rechtsgewohnheiten der Ostjaken des beresowkischen Kreises gegeben, woran sich im II. Bande der »Zbornik narodnych juridičeskich obyčajew. St. Petersburg 1900« betitelten Rechtsgewohnheitssammlung eine Arbeit von WORONOW über die rechtlichen Gewohnheiten der westsibirischen Ostjaken und der Samojeden des Tomsker Gouvernements schließt. Von den hierher

1) Zbornik obyčnago prawa Sibirskich inorodzew = Sammlung des Gewohnheitsrechts der sibirischen Fremdvölker. Warschau 1876.

2) *Adaty Kawkaskich gorcew.* Odessa 1883. I. II.

3) Sowremennyi obyčai i drewnii zakon. Moskau 1886. I. II. — Zakon i obyčai na Kawkazie. Daselbst 1887—90. I. II.

4) *Očerk juridičeskago byta Mordwy.* St. Petersburg 1885.

5) *Mordowskija obščini.* In *Otečestwenn. Zapiski.* 1880. I, und unter demselben Titel *Russkaja Starina.* 1880. S. 246—256.

6) Mordowskaja obščina. In Sěvernyi Wěstnik. 1887. I. Heft.

7) Im 3. Band von »Zbornik materialow po etnografii pri Daškowskom etnogr. muzeě«. Moskau 1886.

8) »Pamjatnaja Knižka Tobolskoj gubernii na 1884 god. Tobolsk 1884.«

gehörenden Abschnitten der Zeitschrift »Etnografičeskoje Obozrěnie« hebe ich den von CHARUSIN über den Bäreneid der Ostjaken und Wogulen und die totemistische Grundlage des Bärenkults (1889. Jahrg. XXXVIII. 1—36 und XXXIX. 1—37) hervor, welcher das einen ähnlichen Stoff behandelnde, in Moskau 1887 erschienene Buch GONDATTIS [1]) wesentlich ergänzt. Die Rechtsgewohnheiten der Samojeden, Lappländer und Karelier hat EFIMENKO erklärt [2]). Den Bäreneid der Samojeden bespricht IWANOW in Nr. 43. des Jahrgangs 1870 der Archangelsker Gouvernements-Zeitung. Die Rechtsgewohnheiten der Karelier behandelt ausführlicher KOLJASNIKOW im II. Heft des Jahrg. 1886 des »Olonecki Zbornik« (Petrozawodsk), ferner ein kleiner anonymer Artikel in der Petersburger Russischen Geographischen Gesellschaft (Bd. XIII. 1887. H. 5. 467—469). Von dem Gewohnheitsrecht der Esthen handelt L. v. SCHRÖDERS Buch *Die Hochzeitsgebräuche der Esthen und einiger anderer finnisch-ugrischer Völkerschaften in Vergleichung mit denen der indo-germanischen Völker*. Berlin 1888. Mit dem Gewohnheitsrecht der Wotjaken beschäftigt sich genauer CHARUSIN in der Moskauer »Juridičeski Wěstnik« (1883. Heft 2) und BOGAĚWSKI in dem schon erwähnten Zbornik des Moskauer ethnographischen Museums des Herzogs Daškow (1888. III. 18—62). Die Stammes- und Familienorganisation der zum Kasaner Gouvernement gehörigen Wotjaken erwähnt OSTROWSKI in der »Trudy« der neben der Kasaner Universität wirkenden Gesellschaft der Naturforscher (Kasan 1874. IV. 22—31). KOŠURNIKOW beschreibt in dem Anzeiger der Kasaner Universität und ihren wissenschaftlichen Denkschriften (Kasan 1881. 1. 9—42) das Eherecht, die Armenunterstützung und eine besondere Abart der Blutrache bei den Wotjaken, und schließlich KUZNECOW in der »Etnogr. Obozrěnie« (1904. LXIII. 24—49) die Feldgemeinschaft der Wotjaken. Ueber die üblichen Gebräuche bei der Jagd und Verteilung der Jagdbeute der Syrjänen, ferner über ihre Familienverhältnisse hat MICHAILOW in dem »Journal« des russischen Ministeriums des Innern (1851. Nr. 4 und 1852. Nr. 3) geschrieben. POPOW bringt in der »Izwěstija« der Moskauer Liebhaber für Naturwissenschaft, Anthropologie und Ethnographie (1877. Jahrg. XXVIII) eine Monographie über das syrjänische Jagdeigentumsrecht und BOLŠAKOW in der *Obščina u Syrjän* betitelten Artikelreihe der ethnographischen Zeitschrift *Živaja Starina* (1906. Heft 1—4) eine solche über die syrjänische Feldgemeinschaft, den Grundbesitz und

1) VIII. Bd. der Arbeiten der dortigen naturwissenschaftlichen und ethnographischen Gesellschaft.

2) »Zbornik narodnych juridičeskich obyčajew. St. Petersburg 1878«. Bd. 1. Teil 2. S. 1—232.

die Feldnutzung. Über die eigentlichen Permier, denn die erwähnten Syrjänen und Wotjaken gehören ja auch hierher, schrieb DOBROTWORSKI in der *Wěstnik Ěwropy* betitelten Rundschau (1883. 3. u. 4. Heft) eine eingehendere ethnographische Abhandlung, welche sich auch über das permische Gewohnheitsrecht ausführlich verbreitet. ISNOSKOW hat in der *Pamjatnaja kniga kazanskoj gubernii na 1868 i 1869. g. Kazan 1868* betitelten Festschrift (65—92) eine Abhandlung über das Privatrecht, die Familienrechtsverhältnisse, die Formen des Eigentumerwerbs und die öffentlichen Unterstützungen bei den Tscheremissen geschrieben und in einem anderen Artikel (*Trudy Kazanskago guberns. statistič. komiteta.* Kazan 1869. Nr. 2) über das Strafrecht derselben. ĚRUSLANOW hat in der *Etnogr. Obozrěnie* (1895. 25. Heft. 35—50) die tscheremissische Stammesorganisation beleuchtet.

Was die türkisch-tatarischen Völker anbetrifft, so verfügen wir über verschiedene Bruchstücke über das Gewohnheitsrecht der Tschuwaschen, z. B. einen anonymen Artikel von der Gerichtsbarkeit über die Toten aus dem Samaraer Gouvernementsblatt (1861. Nr. 6); ferner MENJŠEW[1]) und DOBROMYSLOW (im simbirskischen Gouvernementsblatt 1876. No. 57. 58) und schließlich PROKOPĚW's Buch (*Brak u tschuwaschej.* Kazan 1903) über die Heirat bei den Tschuwaschen; dann ein anonymer Abschnitt (im Wjatkaer Gouvernementsblatt 1877. Nr. 23) über die Eidzeremonie der Tschuwaschen und Tscheremissen; KRASNOPEROWs Abhandlungen über die tschuwaschische Feldgemeinschaft, Feldaufteilung und Heirat in der *Russkaja Mysl* (1884. 3. Heft). Schließlich kann man noch aus der *Tjažebnyje dokumenty Čuwaš Kosmodemjanskowa ujezda XVI—XVIII. stolět.* Kazan 1893 betitelten Prozeßschriftensammlung sich mit dem tschuwaschischen Prozeßrecht des 16.—18. Jahrhunderts bekannt machen. Auf das Gewohnheitsrecht der Baschkiren bezieht sich der Artikel UMITBAĚWs (in dem Ufimsker Gouvernementsblatt 1882. Nr. 9) über das Wort *tjuba,* das in alten Schriften über den Grundbesitz und sogar noch heutzutage benutzt wird und Stammesteilung, auch gemeinsames Stammeseigentum, ja sogar Stammesversammlung bedeutet. ALEKTOROW (*Russkii Kurer* 1883. Nr. 162) handelt über den Grabschwur der Baschkiren, ein Artikel des KRASNOPEROW (*Trudy Imp. V. Ekonom. Obščestwa.* 1885. Bd. II. 1. Heft) und ein *Očerki Zauralja i stepnoje chozjaistwo Baškirskich zemel* betiteltes Werk von SABANĚĚW sowie ein anonymer Artikel des Samaraer Gouvernementsblatts (1889. Nr. 53) über die baschkirische

---

1) *Zapiski Orenburgskago otděla Imp. Russk. Geogr. Obščestwa.* Orenburg 1875. 3. und ebenfalls darauf bezügliche Bemerkungen a. a. O. 1881. 4. Heft.

Feldgemeinschaft und Feldnutzung; schließlich berichtet SELENIN, *Etnogr. Obozrěnie* 1908. Jahrg. LXXVIII. Heft 78—87. über die baschkirische Leviratsehe und andere Familiengebräuche. Über das Gewohnheitsrecht der Jakuten sind auch zwei ausführliche Monographien vorhanden, die eine von Fürst KOSTROW in *Zbornik narodn. obyčajew* (Bd. I. Teil II. 259—299) und das Werk von KOČNEW, betitelt *Očerki juridičeskago byta Jakutow.* Kazan 1899. Außer diesen haben wir von SČUKIN im *Journal* des Russischen Ministeriums des Innern 1854. Nr. 7 eine Arbeit über Eid, Heirat, Klagen, Testament und über die jakutische Auffassung von Diebstahl und einen anonymen Artikel in der *Wostočnoje Obozrěnie* 1883. Nr. 17 über die jakutischen Jagdrechtsgewohnheiten, von GOROCHOW [1]) über die jakutische Braut (kinitti) und das Eherecht. Von STAROŽIL (*Wostočn. Obozr.* 1883. Nr. 23) über die jakutische Feldgemeinschaft; eine anonyme Abhandlung [2]) über die Versorgung der armen Jakutenkinder; von PAWLIKOW in der Festschrift *Pamjatnaja knižka Jakutskoi oblasti na 1871. g.* St. Petersburg 1877 über das jakutische Eherecht; und schließlich von WITJAČEWSKI einen Artikel [3]) über die besondere Form der »ex donatione« stammenden Verpflichtung im jakutischen Gewohnheitsrecht und die in seinem *Jakutskie materialy dlja razrabotki woprosow embriologii prawa.* St. Petersburg 1911. betitelten Werk gezogenen jakutischen Parallelen zu dem uralten Recht. Über das Gewohnheitsrecht der Kirgisen und Karakirgisen besitzen wir eine ganze Reihe besonderer Monographien; so z. B. das Werk von BALLJUSEK in den *Zapiski* der Orenburger Abteilung der Russischen Geographischen Gesellschaft (1872. II. 46—167); die Abhandlung ZAGRAŽSKIS in dem Jahrbuch des Turkestanischen Statistischen Komitees (1876. IV. 151—190), TRONOWS [4]) und IZRASCOWS [5]) kürzere Übersichten; in MAKOWECKIS [6]) Werk den ersten und einzigen Band über das kirgisische Sachenrecht; KOSLOWS [7]) umfangreiche (338 Seiten) Monographie und endlich die größer als jede andere angelegte Bearbeitung (298 u. 199 S.) des Generals GRODE-

1) *Izwěstija wostočno-sibirskago otděla Imp. Rusk. Geogr. Obščestwa.* Irkutsk 1883. 1. und 2. Heft.

2) *Izwěstija wostočno-sibirskago otděla Imp. Rusk. Geogr. Obšč.* Irkutsk 1884. 1. und 2. Heft.

3) *Etnog. Obozrj.* 1909. Jahrg. LXXX. Heft 1—20.

4) *Zapiski Imp. Russk. Geogr. Obščestwa po otdělenije Etnografii 1891.* Band XVII. 2. Heft. 71—88.

5) *Etnogr. Obozr.* 1897. Bd. XXXV. 1—37.

6) *Materialy dlja izučenija juridičeskich obyčajew Kirgizow. I. Materialnoje prawo.* Omsk 1886.

7) *Obyčnoje prawo Kirgizow. Pamjatnaja knižka zapadnoi Sibiri.* Omsk 1882. Ein deutscher Auszug findet sich in »Russische Revue« 1882. S. 474.

KOW[1]). Außerdem stehen noch vortreffliche Sammlungen gewohnheitsrechtlicher Belege (außer den in Grodekows Werk befindlichen) zur Verfügung, von denen die die kirgisische Feldnutzung behandelnden *Materialy po Kirgiskomu semlepolzowaniju*, St. Petersburg, im Jahre 1909 schon bis zum X. Band herausgekommen waren; eine andere ist unter dem Titel *Zbornik rěšenii črezwyčainago sězda narodnych sudej Zakaspisko oblasti s 1898–1902. gg. Materialy po izučenija narodnago byta Turkmen i Kirgizow.* Ašabad 1903, in der Bearbeitung DUTLINSKI-IWANOWs erschienen und ist eine Sammlung von Entscheidungen, die von turkomanischen und kirgisischen Stammesrichtern aus der südlich des Kaukasus liegenden Gegend bei ihren außerordentlichen Sitzungen gefällt worden sind. Unmöglich aber ist es, daß wir hier zwei, wenn auch nur früher von grundlegender Bedeutung gewesene, Werke übergehen: das von LEWŠIN[2]) und von B. SALESKI[3]), die außer allgemeinem ethnographischen Inhalt sich auch auf die kirgisischen Rechtsgewohnheiten erstrecken und auch auf solche, welche seitdem spurlos verschwunden sind. Einzelne Teile des kirgisischen Gewohnheitsrechts behandeln noch folgende Artikel und Bücher: ALEKTOROWs Buch *Wybornoje načalo u kirgizow.* Orenburg 1894 über die kirgisischen Wahlen; SOBNINs Buch[4]) über Sklaverei; bei den Kirgisen ein mit Z. gezeichneter Artikel in den *Turkestanskija Wědomosti* (1889. Nr. 33 u. 34) über die Rolle der kirgisischen Frau im Nomadenleben; DIWAĚWs Buch[5]) über kirgisische Heiratszeremonien, welches das Werk von R. KARUTZ, *Von kirgisischer Hochzeit und Ehe auf Mangyschlak.* Braunschweig, 1910 vervollständigt. Über den kirgisischen Grundbesitz und das Wassernutzungsrecht ein anonymer Artikel in *Russkija Wědomosti. 1887. Nr. 205*; ein anderer über die kirgisische Gerichtsbarkeit in dem Jahrbuch der turkestanischen statistischen Kommission, St. Petersburg 1876 (IV. 192—201); IBRAGIMOW in *Zbornik narodnych obyčajew.* St. Petersburg 1878 (Bd. I. II. Teil. 233—258); SABBATAĚW in der *Etnogr. Obozrěnie* 1900 (Jahrg. XLVI. 66—73). Ein anonymer Artikel (*Wostočn. Obozr.* 1884. Nr. 19) über die kirgisische Gerichtsbarkeit und den Eid. GOTOWICKI (zwei Artikel im *Juridič. Wěstnik* 1885. 5. Heft) über die Bedeutung des kirgisischen Eides und die Zeremonien dabei, ebenso über eine sonderbare Form des Prozeßvergleichs. KARCHALEW (in demselben *Jur. Wěstnik*

---

1) *Kirgizy i Karakirgizy Syr-Darjinskoi oblasti. I. Juridičeskii byt.* Taschkent 1889.

2) *Opisanje Kirgiz-Kazačich ord i stepei.* St. Petersburg 1832. I—III.

3) *La vie des steppes kirghises.* Paris 1865.

4) *K woprosu o newolnikach, rabach i tjulengutach w kirgiskoj stepi.* Semipalatinsk 1902.

5) *O svadebnom ritualě Kirgizow Syr-Darjinskoi oblasti.* Kazan 1900.

1888. 5. Heft) über die kirgisische Gerichtsbarkeit und Verfolgung. Das Buch des Barons B. N. DELWIG[1]) über die kirgisische Stammesgerichtsbarkeit und die Rechtslage bei den Stämmen der Steppe. Und schließlich STEPNJAK (*Sibirski Wěstnik* 1887. Nr. 43) über die Gepflogenheiten der Kirgisen bei Schenkungen und über deren rechtliche Bedeutung. Die Literatur der Gewohnheitsrechte der verschiedenen tatarischen Völker ist die folgende: N. N-č' Artikel (*Trudy Kazanskago statist. komiteta.* Kazan, 1869. 3. Heft) über die Stammesrechtsgewohnheiten der Tataren aus dem Kazaner Gouvernement. Der bemerkenswerte Artikel KOWALEWSKIs in den *Russkija Wědomosti*[2]) über das Gewohnheitsrecht der kaukasischen Tataren, verglichen mit dem Recht der Osseten. Fürst KOSTROW schildert in einer, im Kasaner Gouvernementsblatt veröffentlichen Artikelreihe[3]), sowie in der *Zapiski Sibirsk. otdj. I. Russ. Geogr. Obščestwa Irkutsk* (1865. 8. Heft) die Nomadengebräuche und das Familienrecht der Kisilsker Tataren. Derselbe hat in dem Tomsker Gouvernementsblatt (1876. Nr. 20 und 21) die Gewohnheitsrechte der Barabinsker Tataren erklärt, welche eine anonyme Artikelserie der Akmolinsker Bezirkszeitung (1885. Nr. 8—10) ergänzt. Wiederum ist es Fürst KOSTROW, der uns in der *Trudy* (Kazan 1884. 1. Heft) des 1877 in Kazan abgehaltenen vierten archäologischen Kongresses das Gewohnheitsrecht der Tataren des Minusinsker Kreises, der Sagajeden, Katschintzen und Kaibalen erschließt, welche Arbeit die ethnographischen Forschungen KARATANOWS[4]) betreffs der Katschintzen ergänzen. MEWES befaßt sich in einer Artikelreihe in der *Kawkaz*[5]) mit der Rechtspflege, der Steuerzahlung und Feldnutzung bei den Tataren des Kreises von Elizawetpolsk. Eine mit A. unterzeichnete Artikelserie beschreibt in dem Stawropolsker Gouvernementsblatt (1879. Nr. 10—19) auf Grund einer Zusammenstellung des Majors SCHEICH ALI aus dem Jahre 1851 das Stammesgewohnheitsrecht der damals lebenden Nogajer Tataren und turkomanischen Nomaden. Die auf die Strafrechtspflege der kumückischen Tataren Bezug nehmenden Rechtsgewohnheiten hat SEMENOW (*Jurid. Obozr.* 1881. Nr. 29. 30) zusammengestellt. Nur mit dem Feldbesitz der einst so berühmten Krimtataren hat sich BLUMENFELD

---

1) *Kirgizkii narodnyi sud w swjazi s prawowym položeniem inorodcew stepnowo kraja.* Uralsk 1909.

2) 1885. Nr. 305 und 322, in dem Bericht über die am 31. Okt. und 14. Nov. 1885 abgehaltenen Sitzungen des ethnographischen Kongresses.

3) 1853. Nr. 24. 28. 30. 32. 34. 36. 38. 40. 42. 44—48.

4) *Izwěstija I. Russk. Geogr. Obščestwa* 1884. 6. Heft.

5) 1867. Nr. 35—37. 42—46 und 48, weiter fortgesetzt in Nr. 85. 87. 88. 90. 92. 94—96.

in seinem *Krymsko-tatarskoje semlewladěnie.* Odessa 1888 betitelten Buch befaßt, welches das Buch von V. UTZ, *Die Besitzverhältnisse der Tatarenbauern im Kreise Simferopol.* Tübingen 1911 ergänzt.

Außer dem lebenden Gewohnheitsrecht der mongolischen Kalmücken verfügen wir noch über alte Gesetze. Den Ursprung derselben finden wir schon in den Gesetzen (jassa oder jassak) des großen mongolischen Eroberers Dschinghis-Khan (1154—1227), die besonders in den Aufzeichnungen des arabischen Geschichtsschreibers Makrisi (1365—1442) erhalten geblieben sind, wozu noch einige Bruchstücke kommen, die bei Mirchond, dem armenischen Geschichtsschreiber Wartan, und anderswo zu finden sind, samt gesetzlichen Erklärungen Dschinghis-Khan's. Alle diese Gesetze hat GURLJAND herausgegeben [1]) in seiner Abhandlung über die Geschichte der Gesetzgebung in der Wüste (S. 49—158). Das in Dschinghis-Khan's Gesetzen aufrecht erhaltene uralte mongolische Gewohnheitsrecht erweiterte sich dann im Jahre 1640 zu einem gewaltigen Gesetzbuch, so wie es die Gesetzgebung des Volksbundes der Mongolen und Oiraten festgesetzt hat und wie es im Jahre 1879 LEONTOWIČ [2]) und 1880 GOLSTUNSKI [3]) in der ursprünglichen kalmückischen Sprache und russischen Übersetzung veröffentlicht haben. Auf dieses Gesetzbuch beziehen sich außer dem erwähnten Artikel von Gurljand eine erschöpfende Arbeit von LEONTOWIČ (*Zapiski Imp. Noworosiskago Uniwersiteta.* Odessa 1880. Heft 29. S. 16—437); die Artikel von MULLOW, *Žurnal Ministerstwa Justicii* 1863. Nr. 10, BASNIN *Juridičeskii Wěstnik* 1875. Nr. 3. 4. 5, und BENTKOWSKI *Stawropolskija gubernskija Wědomosti* 1877. Nr. 13. 14, und schließlich KÖHNE, *Das Recht der Kalmücken* in der ZfvglR. IX. S. 444—475. Über das lebende Gewohnheitsrecht der Kalmücken sind auch mehr Abhandlungen bekannt. So z. B. das Buch von ŠWECOW [4]) über die gewohnheitsrechtlichen Anschauungen der Altai-Kalmücken und Kirgisen in bezug auf Heirats- und Familienverhältnisse; BENTKOWSKI [5])

---

1) In der *Izwěstija* der neben der Kazaner Universität wirkenden archäologischen, historischen und ethnographischen Gesellschaft, Kazan 1904, Bd. XX. Heft 4 und 5. S. 61—68.

2) *K istorii prawa russkich inorodcew. Drewnii Mongolo-Kalmyckii ili Oirackii ustaw wzyskanii. Zaadžin-Bičik.* Odessa 1879, Sonderabdruck aus dem XVIII. Bd. der »noworosijski« Universitäts-Zapiski.

3) *Mongolo-Oiratskie zakony 1640go goda, dopolnitelnyje ukazy Galdan-huntaidžija i zakony sostawlennyje dlja Wolskich Kalmykow pri Kalmyckom chaně Dunduk-Daši. Kalmyckii tekst s russkim perewodom i priměcanijami.* St. Petersburg 1880.

4) *Obyčnoprawowyja wozzrěnija Altaicew (Kalmyck) i Kirgiz Altaiskago okruga. Bračnyja i semejnyja otnošenija* in der *Zapiski Sibirsk. otděla Imp. Russk. Geogr. Obščestwa.* Omsk 1890. Bd. XXV.

5) *Zbornik statist. swědenii o stawropolskoi gubernii.* Stawropol 1869—70. Heft 2 und 3.

über die Heirat der Kalmückin; ein Th. B. gezeichneter Artikel in dem *Sibirskii Wĕstnik* 1887. Heft 78. 79. 80 über Heiratsgebräuche, Männer- und Frauenarbeiten, Eigentumsmerkzeichen (tamga), Handelsgebräuche, Zinsen, Schenkungsverpflichtungen, Verwaltung, über die aus Aberglauben angerichteten Verbrechen und über die richterlichen Verfahren bei den Altai-Kalmücken; SMIRNOW[1]) über einige eigentümliche Gebräuche der Kalmücken, und zwar über die gerichtliche Ahndung des Viehraubes und verschiedene Schwurzeremonien; ein Artikel von O. D. (in den *Donsk. Obl. Wĕdomosti* 1874. Nr. 3) über die Strafrechtspflege der Kalmücken; und schließlich ein anonymer Artikel in den *Moskowskija Wĕdomosti* 1882. Nr. 309 über den Eid der Kalmücken. Über die Rechtsgewohnheiten der Burjäten haben wir die interessante ausführliche Studie von SČAPOW[2]) über das Leben der burjätischen Stammesgemeinden (ulus), die der Artikel eines G. P. (*Wostočn. Obozr.* 1882. Nr. 36) über die Feldgemeinschaft der alarischen Burjäten ergänzt; den Aufsatz von KROL in dem Januarheft des *Žurnal Ministerstwa Justicii* 1900 über das Eherecht der mongolischen Burjäten, auf deutsch ein Aufsatz in ZfSuWgesch. 1898 (VI. S. 113—143) über Stammes- und Familienorganisation der transbaikalischen Burjäten. Und besonders CHANGALOWs Artikel (*Etnogr. Obozr.* 1894. XXI. 100—143) über die Rechtsgewohnheiten der Burjäten.

Die gewaltige Rührigkeit des russischen Staates und der russischen Literatur wegen der Sammlung der Gewohnheitsrechte der nichtrussischen Völker lenkte allmählich die Aufmerksamkeit der Gelehrten schon ungefähr seit dem Jahre 1840 auf die eigenen Rassen, d. h. auf das Studium des lebenden Gewohnheitsrechts der verschiedenen *russischen* Volksstämme. Im Jahre 1847 hat die russische Kaiserliche Gesellschaft für Erdkunde in ihren zur planmäßigen Sammlung der ethnographischen Daten abgefaßten Fragebogen den Rechtsgewohnheiten ebenfalls einen gebührenden Platz eingeräumt. Als im Jahre 1861 infolge der Aufhebung der russischen Leibeigenschaft die Frage der russischen Dorf- und Feldgemeinschaft, die alsbald weltberühmt gewordene »*Mir*«-Frage, auf einmal zur Tagesordnung gelangte, entstand in kurzer Zeit eine riesige Literatur über die russischen Agrarrechtsgewohnheiten, denen zufolge die in Gang gebrachte systematische Sammlung allmählich auch die übrigen Rechtsgewohnheiten des russischen Volkes ans Tageslicht brachte. All das war natürlich überall, aber besonders auf die Forscher der

---

1) *Izwĕstija Obščestwa Archeologii, Istorii i Etnografii pri Imp. Kazanskom Uniwersitetĕ.* Kasan 1884. Heft 3.

2) In der *Izwĕstija Sibirskago otdjela Imp. Russk. Geogr. Obščestwa.* Irkutsk 1875. Heft 3 und 4.

übrigen slawischen Völker von großer Wirkung, wobei uns jetzt die von Agram eingeleitete Bewegung zur Erforschung der südslawischen Hausgemeinschaft »*zadruga*« am meisten interessiert. Interessant ist auch, daß gerade zwei Budapester Universitätsprofessoren, PILLER und MITTERPACHER, die ersten waren, welche im Jahre 1782 auf ihren im Komitate Pozsega unternommenen naturwissenschaftlichen Ausflügen die Zadruga-Einrichtung entdeckten und sie in ihrem Buche beschrieben [1]. Von hier aus verbreitete sich die Kenntnis dieser Einrichtung über die gesamte slawische wissenschaftliche und schöne Literatur. Über diese Frage wurde eine ganze Bibliothek zusammengeschrieben, wovon das Buch des Kroaten UTJEŠENOWIĆ, *Die Hauscommunionen der Südslawen,* Wien 1859, eine der frühesten und gehaltvollsten Früchte war. Unter solchem Einfluß beschloss die Agramer Südslawische Akademie im Jahre 1867, eine Sammlung nicht nur der auf die Hausgemeinschaft bezüglichen, sondern auch der sämtlichen südslawischen lebenden Rechtsgewohnheiten anzuregen. Das Ergebnis dieser großzügigen Sammlung wurde im Jahre 1874 in der Fassung des Rechtsgelehrten und späteren Staatsmannes BALTHASAR BOGIŠIĆ veröffentlicht: *Zbornik sadaschnjih prawnih obicsaja u južnih Slowena,* Agram 1874, I.; der lateinische Titel ist: *Collectio consuetudinum juris apud Slavos meridionales etiamnum vigentium,* und im Jahre 1877 wurde es französisch veröffentlicht von DEMELIĆ, *Le droit coutumier des Slaves méridionaux,* Paris 1877, und später deutsch von F. S. KRAUSS in seinen Werken *Sitte und Brauch der Südslaven,* Wien 1885, und *Slavische Volkforschungen. Abhandlungen über Glauben, Gewohnheitsrechte, Sitten und Bräuche und die Guslarenlieder der Südslaven,* Leipzig 1908 [2]. Auf Grund dieser Sammlung konnte man sich weiter dem ausführlicheren und korrekteren Studium der lebenden Gewohnheitsrechte der einzelnen südslawischen Staaten zuwenden, von denen ich nur die Sammlung des bulgarischen Rechtsgelehrten BOBČEW hervorhebe [3] über die bulgarischen lebenden Rechtsgewohnheiten im Familien-, Vermögens-, Erb- und Obligationenrecht, woran sich das über die bul-

1) *Iter per Poseganam Sclavoniae provinciam mensibus junio et julio anno 1782 susceptum.* Budae 1783.

2) In neuester Zeit hat Dr. Iwan Strohal bei den Kroaten eine große Tätigkeit entfaltet, sowohl bei der Sammlung der rechtsgeschichtlichen Denkmäler wie der lebenden Rechtsgewohnheiten; er hat auch in der kroatischen ethnographischen Zeitschrift (*Zbornik za narodni život i običaě*) Jahrgang 1909 (1—54 und besonders 134—160. 285—326) neue gewohnheitsrechtliche Fragebogen ausgearbeitet, nachdem er die für die 1874er Sammlung dienenden Fragebogen einer eingehenden Kritik unterzogen hatte.

3) *Zbornik na Blgarskitě juridičeski običai. I. Graždansko prawo Tom I. otděl 1. Semejno prawo.* Plowdif. 1897; gleichzeitig auch auf französisch, Philippopel 1897. II. otděli 2. Wešči 3. Naslědstwo 4. Objazatelstwa. Sofia 1902.

garische Hausgemeinschaft geschriebene Werk [1]) schließt. Von einer Sammlung der **polnischen** lebenden Rechtsgewohnheiten sind mir nur die zu diesem Zweck von GRABOWSKY im Jahre 1889 (in *Wisla* III. 171—209, dann auch besonders) in Warschau bearbeiteten Fragebogen bekannt. Mit den Rechtsgewohnheiten der **Huzulen** und Ruthenen hat sich KAINDL [2]) befaßt. Über die außerordentlich charakteristischen **albanischen** Gewohnheitsrechte, wenigstens die der katholischen Dukadžin- und Mi-Skodrak-Stämme, hat der öst.-ung. Generalkonsul THEODOR IPPEN in Skutari zusammen mit zwei Geistlichen Aufzeichnungen gemacht, die zuerst in einer in albanischer Sprache herausgegebenen Brüsseler Zeitschrift veröffentlicht sind. Paul Träger hat sie in deutscher Übertragung 1901 in der Berliner Anthropologischen Gesellschaft vorgelegt und in der ZfEthn. Berlin 1901. XXXIII. S. 43—57 veröffentlicht. Später hat sie Ippen selbst in den von Thallóczy redigierten *Illyrisch-albanischen Forschungen*, München-Leipzig (1916. I. S. 389—408) veröffentlicht und Dareste auf französisch besprochen (Nouvelles études d'histoire du droit. Paris 1906. III. 53—75). Ihnen ist LUDWIG V. THALLÓCZY zuvorgekommen, als er das lebende Gewohnheitsrecht derselben albanischen Stämme im Jahre 1895 ebenfalls mit einem Priester zusammen aus dem Munde der Stammesalten aufzeichnen ließ und die einzelnen Teile mit den betreffenden Punkten des von ihm entdeckten kroatischen Gewohnheitsrechts aus den Jahren 1551—53 in ungarischer Übersetzung in der MGazdtörtSz. 1896. III. 142—169 verglich. Ihre Sammlung erschien dann in vollständigem Umfang im Jahre 1916, in den obenerwähnten, von ihm redigierten Illyrisch-albanischen Forschungen I. 409—462, wo er auch noch einen im Jahre 1913 fertiggestellten, aber unausgeführten türkischen Gesetzentwurf zur Kodifizierung des albanischen Gewohnheitsrechtes mitteilt (463—486).

Die westlichen Nationen scheinen die lebenden Rechtsgewohnheiten bei ihren eigenen Völkern kaum zu sammeln, vielleicht mit Ausnahme der **Spanier**, von denen uns folgende Werke bekannt sind: I. COSTA, *Costumbres juridico-economicos de alto Aragon.* 1884. *Derecho consuetudinario de alto Aragon* 1886; ferner *Derecho consuetudinario y economia popular de España.* Barcelona 1902. I. II. und ALTAMIRA Y CREVEA, *Derecho consuetudinario y economia popular de la provincia de Alicante.* Madrid 1905. Als **italienisches** Erzeugnis auf dem Gebiete der lebenden Rechtsgewohnheiten kenne ich außer den Ausgaben der seit 1870 tätigen Florentiner italienischen ethnographischen Gesellschaft nur einen Artikel (R. CORSO, *Ländliche*

1) *Blgarskata čeljadna zadruga. Istoriko-prawni studii.* Sofia 1907.

2) *Die volksthümlichen Rechtsanschauungen der Ruthenen und Huzulen.* Braunschweig 1894.

Gewohnheitsrechte einiger Gebiete Kalabriens. ZfvglR. XXII. 430—56). Von einer von den französischen Departements herausgegebenen Sammlung amtlichen Charakters *Usages locaux*[1]) konnte ich nicht erfahren, ob und inwieweit sie sich auf das lebende Gewohnheitsrecht des französischen Volkes erstreckt. Mit dem englischen volkstümlichen Gewohnheitsrecht befassen sich nebenbei die englischen Folkloristen, so z. B. DYER, *British popular customs*; English folklore. London 1880, WILDE, *Ancient cures, charmes and usages of Ireland, contributions to Irish lore.* London 1890 und GUTHRIE, *Old Scottish customs.* London 1885; ferner schrieb der ehemalige Direktor der Folklore-Gesellschaft G. L. GOMME über die englische Dorfgemeinschaft[2]) oder über die Bedeutung des folklore[3]). Neuerdings hat CH. S. BURNE in *The Handbook of Folklore.* London 1914, Fragepunkte veröffentlicht, die sich (gemäß Ethn. XXVII. 234) einigermaßen auch auf die lebenden Rechtsgewohnheiten erstrecken. Von Holland aus wurde 1909 eine »Commissie voor het Adatrecht« in Batavia gegründet. Diese veröffentlichte eine Reihe von Sammlungen (Adatrechtbundels). 1914 begann das Amsterdamer Kol.-Inst. die Veröffentlichung von *Pandekten van het Adatrecht.* Aus der deutschen Literatur kenne ich keine direkte, systematische Sammlung lebender Rechtsgewohnheiten[4]).

Die großen westlichen Nationen haben in erster Linie natürlich die Rechtsgewohnheiten der Völker ihrer überseeischen Kolonien interressiert. Ihre Gelehrten werden besonders angezogen durch die sozialhistorischen Theorien und Systeme, die auf Grund derselben aufgebaut wurden. Sie haben sowohl auf dem Gebiet der Theorien wie der Sammlungen eine wirklich gewaltige Tätigkeit entfaltet. Bei den Engländern ist ein großer Teil der Rechtsgewohnheiten der englisch-afrikanischen wilden Völker in der amtlichen Sammlung *Native laws and customs.* Cape Town. 1883 zu finden, an das sich MACLEANs *Compendium of Kafir laws and customs,* Mount Coke 1858 und H. DYMOREs ebenso betiteltes und ebendaselbst 1872 erschienenes Werk anschließt. Weiterhin W. THOMAS NORTHCOTE, *Anthropological report on the Edo-speaking peoples of Nigeria. I. Law and custom.* London 1910 und sein *Anthropological report on the*

1) Cf. E. HALLEGUEN, *Introduction historique à l'ethnologie de la Bretagne* Paris 1862. GUILLAUME, *Coutumes du departement des Hautes Alpes.* SÉBILLOT, *Coutumes populaires de la Haute Bretagne.* 1886.

2) *The village community with special reference to the origin and form of its survivals in Britain.* London 1890.

3) *Ethnology in Folklore.* London 1892 und *Folklore as an historical science.* London 1907.

4) Vgl. A. BIRLINGER, *Volksthümliches aus Schwaben. Sagen, Legenden, Aberglauben, Sitten, Rechtsbräuche.* Wiesbaden 1861—1874. I. II.

Ibo-speaking peoples of Nigeria. I. Law and custom on the Ibo of the Awka neighbourhood. S. Nigeria. London 1913, und schließlich I. M. SARBACH, *Fanti customary laws.* London 1904. Am frühesten, ungefähr seit den 50er Jahren des vorigen Jahrhunderts hat man angefangen, besonders das lebende Gewohnheitsrecht der Hindu-Völker immer systematischer zu sammeln, zuerst durch die lokalen englischen Steuerämter, später durch die statistischen, seit 1901 aber durch besondere ethnographische Inspektorate (ethnographical survey). Für sich allein steht HALHED, *Code of Gentoo laws.* London 1777, die älteste Sammlung des lebenden Gewohnheitsrechts, wobei wir jedoch bemerken müssen, daß es keinen Hindustamm namens Gentoo gibt, sondern daß die Engländer aus dem Worte gentile = Heide jenes Wort bildeten und auf die südindischen, Telinga oder Kalinga sprechenden Hindus anwendeten. Gegen Ende des 18. Jahrhunderts (1798/99) beginnt man eine systematische Herausgabe der Denkmäler des uralten Hindurechtes in der Übersetzung H. TH. COLEBROOKES. Auf dem Gebiet des Gewohnheitsrechts tauchten hier und da Privatunternehmen auf, ebenfalls mit Unterstützung der englischen Regierung, wenigstens indem sie die amtlichen Belege zur Verfügung stellte. So kamen in neuerer Zeit zustande z. B. das mehrbändige Werk von Crooke über Folklore der nordwestlichen Stämme Indiens in den Jahren 1894—99; RISLEYS neunbändige Schilderung der bengalischen Stämme und Kasten und DALTONS Buch *Descriptive ethnology of Bengal.* Calcutta 1872, welche eine systematische Beobachtung des Gewohnheitsrechts dieser Völker geben; oder BADEN-POWELLS wertvolle Bände [1]) über die Dorf- und Feldgemeinschaft der Hindus; dann das ältere Werk von J. A. DUBOIS und H. K. BEAUCHAMP, *Hindu manners, customs and ceremonies* in der neuesten Oxforder Ausgabe von 1906; TUPPER, *Punjab customary law.* Calcutta 1881. I—IV; H. A. ROSE, *Compendium of the Punjab customary law.* Lahore 1907; schließlich STOKES, *Anglo-Indian codes.* 1889. Von den englischen Provinzen Hinterindiens schrieb mit Bezug auf Birma D. RICHARDSON, *Damathat or the laws of Menov, translated from the Burmese.* Rangoon 1874. 2. Auflage und *Maung Tet Pyo's Customary law of the Chin tribe. Burmase text.* Rangoon 1884. Vgl. noch KOHLERS Artikel *Das Recht der Birmanen* (in ZfvglR. 1886. Jahrg. VI). Über Siam hat BASTIAN *Siamese laws and customs on slavery, translated from the Siamese code of laws* herausgegeben [2]) und dann noch MAZZARELLA, *L'origine delle ordalie*

1) *The landsystems of British India.* Oxford 1893. I—III. *The Indian village community.* London 1896. *The origin and growth of village communities of India.* London 1899.

2) Die Rechtsverhältnisse bei verschiedenen Völkern der Erde. Berlin 1872. S. 407—433.

nel diritto siamese. Roma 1900. Außerdem entfalteten seit dem Jahre 1788 die bengalischen, Shanghaier und Londoner asiatischen wissenschaftlichen Gesellschaften, wie auch seit 1872 das Königliche Anthropologische Institut von Großbritannien und Irland die weitgehendste wissenschaftliche Vereinstätigkeit.

In Nordamerika beschäftigen sich außer den ethnographischen Zeitschriften (American Anthropologist; Journal of American Folklore usw.) auch noch mehrere Institute mit dem Gewohnheitsrecht der nordamerikanischen Eingeborenen, z. B. das Peabody-Museum in seinen archäologischen und ethnologischen Berichten; besonders aber die 1846 begründete Washingtoner Smithsonian Institution in den Ausgaben seines ethnologischen Büros von 1881 ab, wie z. B. die bemerkenswerten Studien des Missionärs J. O. DORSEY über die gesellschaftliche Organisation der Omaha-Indianer (*Ethnol. Report* III. 211—370) und der Sioux-Indianer (ebenda XV. 213—244). In Kanada beschäftigt sich eine kanadische Kommission des britischen wissenschaftlichen Vereins, der in dem englischen Newcastle-upon-Tyne seinen Sitz hat, mit dem Studium der dortigen Eingeborenen. Schließlich muß ich noch des riesigen Unternehmens von R. G. TWAITES gedenken, in welchem dieser die Berichte der von 1610—1791 in Amerika wirkenden Jesuitenmissionäre über ihre Reisen in 73 Bänden herausgab[1]. Dieses ergänzt auch sein 32-bändiges Werk *Early western travels 1748—1846.* Cleveland 1907. Zu diesen können wir auch noch das 6-bändige Werk MOREAU DE S. MÉRYS aus dem Jahre 1784 *Lois et constitutions de l'Amérique sous le vent,* Paris, hinzufügen.

Die Franzosen zeigen auch großen Eifer bei der Veröffentlichung und Bearbeitung der Rechtsgewohnheiten ihrer Kolonialvölker; z. B. über Indo-China und Annam schrieb LURO, *Étude sur l'organisation politique et sociale des Annamites.* Paris 1878; ORY, *La commune annamite au Tonkin* in der Nouvelle Revue hist. de droit français et étranger. 1896; AUBARET, *Code annamite.* Paris 1865 und die vollständigere zweibändige Ausgabe aus dem Jahre 1876; PHILASTRE, *Code annamite.* Mit Bezug auf *Kambodscha* JANNEAU, *Livre de Krampultap*; A. LECLÈRE, *Recherches sur la législation cambodgienne. Droit privé.* Paris 1890 und *Recherches sur le droit public, la législation criminelle et la procédure des Cambodgiens.* Paris 1894. I. II und weiter von demselben Autor Artikel in der Nouvelle Revue historique de droit français et étranger (1894. 68—95) *Le régime des biens entre les époux et les successions* und schließlich 1898 (609—656) und 1899 (265—283) *Recherches sur les origines brahmaniques des lois cambod-*

1) *Jesuit Relations and allied documents. Travels and explorations of the Jesuit Missionaries in New-France. 1610—1791.* Cleveland 1901.

giennes. Über die Insel Madagaskar: A. CAHUZAC, *Essai sur les institutions et le droit malgache.* Paris, 1900. I. und auch der Artikel von PERKER, *New code of laws for the Howa kingdom of Madagascar* in Journal of the Anthrop. Instit. of G. B. and I. (XII); und schließlich über .die französischen afrikanischen Kolonien: A. PRÉVILLE, *Les sociétés africaines, leur origine, leur évolution, leur avenir.* Paris 1894; A. G. P. MARTIN, *Précis de sociologie Nord-Africaine.* Paris 1913. I; MESSING, *Le statut des indigènes algériens.* Paris 1913; HANOTEAU et LETOURNEUX, *La Kabylie et les coutumes kabyles.* Paris 1873. I—III; CLOZEL et VILLAMUR, *Les coutumes indigènes de la Côte d'ivoire.* 1902. Außer diesen finden sich noch Aufsätze besonders in der Pariser Union Coloniale Française und in dem seit 1822 erscheinenden Journal Asiatique, wie auch in verschiedenen französischen Zeitschriften ethnographischen, rechtsvergleichenden und soziologischen Charakters.

Bei den Belgiern haben sich, übrigens auch in der Ethnographie und Soziologie, ausgezeichnete Verfasser mit dem Gewohnheitsrecht der Eingeborenen in den afrikanischen Kolonien, im Kongo, befaßt. LYCOPS, *Codes congolais et lois usuelles en vigueur en Congo.* Bruxelles 1900; TSCHOFFEN, *Au Congo. Organisation sociale et coutumes judiciaires des noirs* in Bulletin de la Société royale belge de géographie. XX. 244—272. Außerdem vergleiche man noch die Ausgaben des Brüsseler Solvayschen soziologischen Instituts und des Kongo-Museums und schließlich van Overberghs ethnographische Monographiensammlung.

Auch die Italiener sammeln die Rechtsgewohnheiten ihrer afrikanischen Kolonien; z. B. GESMARO DE STEFANO, *Il diritto penale nell' Hamasen (Eritrea) ed il Fetha Neghest.* Firenze 1897; CAPOMAZZA, *Istituzioni di diritto cousuetudinario del Seraè; la legge degli Atcheniè-Melgá.* Macerata 1912; außerdem befaßt sich auch die Società italiana per lo studio di Libia damit.

Von spanischen Werken dieser Art legt meines Wissens nur die Coleccion de articulos, typos y costumbres de la isla de Cuba. Habana 1881, Zeugnis ab.

Die Holländer haben die Gewohnheitsrechte ihrer Kolonien ebenfalls systematisch gesammelt und erklärt; besonders G. A. WILKEN in seinen 1883—1891 erschienenen neun grundlegenden Werken über das Recht der Eingeborenen von Niederländisch-Indien und des Malaiischen Archipels; während er gleichzeitig noch Muße hatte, sich mit dem Matriarchat der Araber zu befaßen. In gleicher Richtung haben sich noch J. G. F. RIEDEL, *Les idées spécifiques du droit de propriété foncière chez les Indonésiens. T'oung Pao,* Haag 1886, C. SNOUCK HURGRONJE und in neuester Zeit VOLLEN-

HOVEN betätigt (*Het adatrecht van Nederlandsch Indie.* Leyden, seit 1906).

Die Deutschen, die am spätesten zu Kolonialbesitz gelangten, erkannten am frühesten die unumgängliche Notwendigkeit, die lebenden Gewohnheitsrechte zu sammeln, schon vom praktischen Standpunkt des Regierens aus. Die koloniale Zeitschrift *Mitteilungen aus den deutschen Schutzgebieten* steht an der Spitze dieser Bewegung. Die deutsche Wissenschaft aber war auch schon viel früher ohne Kolonialeroberung führend bei der in der ganzen Welt betriebenen, gewohnheitsrechtlichen Forschung. Am bezeichnendsten hierfür ist, daß z. B. die Bibliographie über das Gewohnheitsrecht der südamerikanischen Völker überwiegend deutsche Werke kennt. Noch heute sind grundlegend C. F. P. MARTIUS, *Von dem Rechtszustande unter den Ureinwohnern Brasiliens.* München 1832; ferner K. VON DEN STEINEN, *Unter den Naturvölkern Zentral-Brasiliens.* Berlin 1894; der Artikel von M. SCHMIDT, *Über das Recht der tropischen Naturvölker Süd-Amerikas* in ZfvglR. XIII. 280—318. Mit dem Gewohnheitsrecht der Völker Australiens beschäftigen sich die Engländer HOWITH, SPENCER und GILLEN, W. E. ROTH, TAPLIN, WILHELMI, in ihren ethnographischen, und der berühmte I. G. FRAZER in seinen soziologischen Forschungen, und besonders die Deutschen, wie z. B. CUNOW, *Die Verwandtschaftsorganisationen der Australneger.* Stuttgart 1894; KOHLER, *Über das Recht der Australneger.* Stuttgart 1887 und seine diesbezüglichen Artikel in IntAfEthn. Eine anerkannte Tatsache ist, daß der Aufsatz des Deutschen B. ANKERMANN, *Kulturkreise und Kulturschichten in Afrika* (in ZfEthn. XXXVII. 54—84), den Grund legte für systematischere ethnographische Forschungen in Afrika. Die hauptsächlichsten deutschen gewohnheitsrechtlichen Sammlungen und Erklärungen sind: MUNZINGER, *Sitten und Recht der Bogos.* Winterthur 1859; POST, *Afrikanische Jurisprudenz. Ethnologisch-juristische Beiträge zur Kenntnis der einheimischen Rechte Afrikas.* Oldenburg 1887; GRÜNEWALD, *Über die Rechtssitten und Rechtsanschauungen der Urvölkerstämme Afrikas.* Metz 1897; KOHLER, *Über das Negerrecht namentlich in Kamerun.* Berlin 1895; M. MERKER, *Rechtsverhältnisse und Sitten der Wadschagga.* Gotha 1902; C. VELTEN, *Sitten und Gebräuche der Suaheli; nebst einem Anhang über die Rechtsgewohnheiten der Suaheli.* Göttingen 1903; A. KÖHLER, *Verfassung, soziale Gliederung, Recht und Wirtschaft der Tuareg.* Gotha 1904; DANNERT, *Zum Rechte der Herero.* Berlin 1906. Außer diesen umfangreichen Forschungen über lebende Rechtsgewohnheiten haben die Deutschen auf diesem Gebiet hauptsächlich dadurch die führende Rolle erlangt, daß gerade die besonders in dieser Hinsicht so fruchtbare Tätigkeit eines BASTIAN, BACHOFEN, POST, KOHLER usw.

einen ganz neuen Wissenschaftszweig hervorbrachte: die vergleichende ethnologische Rechtswissenschaft[1]). Die von diesen im Jahre 1878 begründete *Zeitschrift für vergleichende Rechtswissenschaft* ist die reichhaltigste Fundgrube von Erörterungen über die verschiedensten lebenden und geschichtlichen Gewohnheitsrechte der Welt. Außerdem wurde im Jahre 1895 in Berlin der Internationale Verein für vergleichende Rechtswissenschaft und Volkswirtschaft begründet, der außer seinen regelmäßigen Arbeiten z. B. im Jahre 1903 die auf Grund ausführlicher Fragebogen zusammengestellten Rechtsverhältnisse der Eingeborenen von 17 Völkern Afrikas und der Inseln des Großen Ozeans[2]) herausgab.

Aber auch Ungarn konnte nicht ganz fernbleiben — obschon nur mehr mittelbar — tätig von dem in der ganzen Welt in Gang gekommenen Sammeln der Rechtsgewohnheiten. Als z. B. die Agramer Akademie, wie wir sahen, im Jahre 1867 die Sammlung der südslawischen lebenden Gewohnheitsrechte einleitete, begriff sie auch ungarisches Gebiet mit ein und zwar die slawische Einwohnerschaft des Banats und des Tschaikisten-Distrikts des Bácser Komi-

1) Die Engländer, Amerikaner, Franzosen und Belgier haben diesen neuen Zweig der Wissenschaft und die Benennung desselben nicht von den Deutschen übernommen, sondern an dessen Stelle für ebendieselbe wissenschaftliche Tätigkeit lieber den auf ihrem eigenen Gebiete entstandenen Namen Soziologie benutzt — eine Wissenschaft, die Comte begründet und die dann später Herbert Spencer, in den Rahmen eines philosophischen Systems gefaßt, von 1877—84 in 4 Bänden *The principles of Sociology* eingehend ausgearbeitet hat. Wertvoll ist auch jene Stoffsammlung, die ihm als Unterlage für diese Bearbeitung gedient hat und deren Veröffentlichung als *Descriptive Sociology* mit Hilfe dreier Mitarbeiter im Jahre 1873 in großen Foliobänden in Gang kam. Es ist nur schade, daß sie schon im Jahre 1881 aus Mangel an Unterstützung mit dem 8. Band eingestellt ward. Von diesen interessiert uns am unmittelbarsten *Nr. 5. Asiatic Races*, London-Edinburgh 1876, ein Band, der die soziologischen Belege für die asiatischen Stämme zusammenstellt. Aber es scheint, als ob gerade dieser Band das am wenigsten geglückte Stück des Unternehmens ist, weil er sehr weit davon entfernt ist, die Soziologie sämtlicher asiatischer Völker zu umfassen. Von den semitischen Stämmen werden nur die Araber, von Indien nur die Gebirgsstämme, von den innerasiatischen Volksstämmen lediglich die Kirgisen, Kalmücken und Jakuten, und schließlich von den nordasiatischen Völkern die Tschuktschen, Aleuten, Kamtschadalen, Samojeden und Ostjaken behandelt. Was andererseits die Quellen betrifft, aus denen die in jenem Bande verarbeiteten soziologischen Daten stammen, so scheinen sie wahrlich jetzt schon in der Hauptsache veraltet; auch schon im Jahre 1876 entsprachen sie nicht völlig dem Stand der Wissenschaft, weil sie ja z. B. für die inner- und nordasiatischen Völker meistens nur englische Reiseschilderungen, kaum aber deutsche Bücher und Artikel, und schlechterdings überhaupt keine russischen benutzen. Die Zusammenstellung ist gleichfalls ziemlich nachlässig, gerät doch mehr als ein indischer Stamm unter die innerasiatischen Völker usw. Allein die Verarbeitung, d. h. die Gruppierung der soziologischen Daten darin, geschieht auf Grund der soziologischen Klassifikation, wie sie von Herbert Spencer bestimmt worden ist.

2) S. R. Steinmetz, *Rechtsverhältnisse von eingeborenen Völkern in Afrika und Ozeanien*. Berlin 1903.

tats, von deren Rechtsgewohnheiten 352 auf besondere Anfragen gegebene Antworten ein ziemlich vollständiges Bild liefern. Die Prager ethnographische Zeitschrift *Narodopisny Vestnik Českoslowanski*, die sich schon ihrem Namen gemäß von Anfang an (1897) natürlich nicht ohne politische Tendenz, auch auf die Slowaken erstreckt, befaßt sich hin und wieder auch mit den slowakischen Rechtsgewohnheiten. Um eine systematischere ethnographische Sammlung, als die bisherigen es waren, einzuleiten, wurden im Jahre 1914 ausführliche Fragebogen herausgegeben, die sich nebenbei auch mit besonderen Rechtsverhältnissen befaßten. Aber schon im Jahre 1907 ist bei uns weit mehr als das geschehen, insofern als in der slowakischen Zeitschrift, der zu Turóczszentmarton erscheinenden *Slowenské Pohlady*, und auch im Sonderdruck RATH auf 27 Seiten (*Otáznik k sbieraniu slowenského obyčajowého prawa*) Fragebogen zu einer Sammlung der slowakischen Rechtsgewohnheiten ausarbeitete. Ob überhaupt diese Sammlung eingeleitet worden ist und mit welchem Erfolge, ist nicht bekannt geworden. Der spärliche Stoff der lebenden Rechtsgewohnheiten der Siebenbürger Sachsen findet sich in ihrer Literatur zerstreut, da dort eine spezielle Sammlung bisher noch nicht veranstaltet worden ist, obwohl eine solche für die Frage ihrer Herkunft vielleicht neue Stützpunkte bieten könnte.

Die Gründung der ungarischen ethnographischen Gesellschaft im Jahre 1889 hat auch den Weg gewiesen zur Sammlung und Bewahrung des gewohnheitsrechtlichen Stoffes nicht nur des ungarischen Volkes, sondern überhaupt aller Völkerschaften Ungarns. Die Mitarbeiter der ungarischen ethnographischen Wissenschaft haben bei der Aufzeichnung der verschiedenen Volksbräuche (Hochzeits-, Kindbett-, Tauf-, Beerdigungsgebräuche) regelmäßig auch die auf das Recht sich beziehenden nicht vergessen. Die Leiter des Vereins haben, sobald sich ihnen irgendeine Möglichkeit zu systematischerem und intensiverem Sammeln bot, wie z. B. im Jahre 1900 (Ethn. 1900. 32) oder im Jahre 1909 (Értesitő X. 249—252), dann 1911 (Ethn. 1912, 203—208) anläßlich der Begründung der ungarischen Abteilung der internationalen Gesellschaft der »Folklore Fellows«, stets Fragebogen ausgearbeitet, in denen auch gewohnheitsrechtliche Fragen behandelt wurden. Auch die ungarische Gesellschaft für Sozialwissenschaft hat, wie es scheint, hauptsächlich unter dem Einfluß der von STEFAN BERNÁT redigierten, schon seit längerer Zeit in der *Magyar Gazdák Szemléje* veröffentlichten vortrefflichen Dorfmonographien den Mangel gefühlt, so daß im Jahre 1913 eine besondere soziographische Sektion ins Leben gerufen wurde, deren Hauptaufgabe das Studium der Psychologie des ungarischen Bauernstandes war, und die daher auch Fragebogen aufstellte, worin ein großer Teil sich auf das lebende

Gewohnheitsrecht bezog. Von ROBERT BRAUN erschien als Antwort auf 97 Fragen eine Monographie über ein Dorf des Arader Komitats im *Huszadik Század* (1913. 545—571; 690—713) und auch noch als Sonderdruck. Schließlich finden sich in den ungarischen lokalgeschichtlichen, volkswirtschaftlichen, ethnographischen und geographischen Monographien hier und da auf unsern Stoff bezügliche Belege.

Allein weder die große Menge der aufgezählten Beispiele noch die bisher vereinzelten, mittelbaren und halb unbewußten Bestrebungen können eine so unbedingte Gewißheit schaffen, die jedermann überzeugen könnte von der Notwendigkeit, Möglichkeit und dem Erfolg einer unmittelbaren, systematischen Sammlung der lebenden Rechtsgewohnheiten in Ungarn. Glücklicherweise sind wir in der Lage, außer den ferner stehenden Analogien auch auf ein unmittelbares praktisches Beispiel Bezug zu nehmen. Wir verweisen hier auf eine. wenn auch nur klein angelegte, so doch vollständig gelungene Landessammlung von Gewohnheitsrechten, die auf dem Wege der Beantwortung von Fragebogen durch amtliche Personen zustande kam und deren Resultate verarbeitet und schon seit 1904 veröffentlicht worden sind. Als nämlich der Entwurf zu einem ungarischen bürgerlichen Gesetzbuch erschienen war, und demgegenüber im Kreise der Landwirte die Notwendigkeit der Schaffung eines speziellen Agrarerbrechts auftauchte, hatte im Jahre 1901 der damalige Landwirtschaftsminister J. DARÁNYI den NIKOLAUS MATTYASOVSZKY zum Studium des deutschen Anerben- und Gewohnheitrechts entsandt. Die Ergebnisse seiner Reise haben ihn dann bald dazu geführt, daß er, bevor er dieselben auf die ungarischen Verhältnisse anwenden konnte, vorher diese Verhältnisse selbst kennen lernen mußte, da »es nicht möglich ist, ohne Kenntnis der Erbrechtsgebräuche, über Erbrechtsformen zu verhandeln«. Nach mehreren vergeblichen Versuchen ist es endlich durch energische Unterstützung des damaligen Justizministers A. PLÓSZ gelungen, durch Bezirksgerichte und öffentliche Notare mit Hilfe von 642 Fragebogen, nach 5 wesentlichen Hauptfragen ausgefüllt, die bei der Landbevölkerung sämtlicher Gegenden Ungarns herrschenden erbrechtlichen Rechtsgewohnheiten systematisch zu sammeln. Diese hat dann MATTYASOVSZKY [1]) mit dem deutschen Anerbengewohnheitsrecht verglichen und bearbeitet. Diese Bearbeitung aber, die gemäß dem Auftrag ihres Verfassers in erster Linie unter agrarpolitischen und soziologischen Gesichtspunkten zustande kam, entspricht nicht ganz unseren Zwecken

---

1) *Törzsöröklési jog és törzsöröklési szokás. I. A németországi törzsöröklési jog és szokás. II. A magyarországi öröklési szokások.* Budapest 1904.

einer Gewohnheitsrechtssammlung. Wir hätten bei den eingegangenen Antworten von unserem Standpunkt aus mehr Gewicht auf den ursprünglichen Wortlaut gelegt, der hier gewissermaßen der Urtext ist. Wir hätten auch jede Gemeinde dem Namen nach genannt und für sich erörtert, da doch schon allein die Tatsache, ob die betreffende Gemeinde vor 1848 unter der Gewalt eines Grundherrn gestanden hat oder nicht, für ihre Rechtsgewohnheiten von Entscheidung sein kann. Übrigens vermissen wir bei dieser Bearbeitung zum großen Teil die Lehren aus der ungarischen Rechtsgeschichte und vollständig die Anwendung der Ergebnisse des vergleichenden Gewohnheitsrechts. Aber wenn diese ganz andere Gesichtspunkte befolgende Sammlung auch nicht vollständig befriedigen kann, so bleibt diese Sammlung selbst und der gesammelte Stoff für unsern Zweck außerordentlich wertvoll. Denn als systematische Sammlung der lebenden Rechtsgewohnheiten ist sie schlechterdings das allererste Beispiel in Ungarn, und als solches mithin ein voller Erfolg, der bei all unseren auf diesem Gebiete zu unternehmenden weiteren Schritten als Muster und gleichzeitig als Zeugnis dienen wird, ja sogar als Garantie dafür, daß auch die Sammlung aller weiteren lebenden Rechtsgewohnheiten ebenso notwendig ist und ebenso erfolgreich ausführbar.

Die allererste und schwierigste Aufgabe ist zweifellos die Abfassung der Fragebogen, da für den gesamten, noch der Durchforschung harrenden, gewohnheitsrechtlichen Stoff geeignete Fragen gefunden werden müssen. Unser Ethnograph ANTON HERMANN nennt diese Zusammenstellung treffend einen circulus vitiosus, da man ja sozusagen schon vorher alles das wissen müßte, was man erst durch die Fragen zu erfahren wünscht. Für den Stoff der Fragebogen und besonders die technische Seite werden hier zweifellos ausländische, ähnliche gewohnheitsrechtliche Fragebogen (so hat z. B. Rußland für seine Rechtsgewohnheitssammlung vom Jahre 1862 bis 1910 22 Pläne für Fragebogen ausgearbeitet) von großem Nutzen sein; aber über die gewohnheitsrechtlichen Verhältnisse und ihren rechtsgeschichtlichen, wirtschafts- und sozialgeschichtlichen, ja auch urrechtlichen Hintergrund müssen wir uns nunmehr im voraus im klaren sein, wenn auch nur in großen Zügen.

Sehen wir also, welches die Hauptfragen sind, auf die wir vom ungarischen Volke, soweit das Gewohnheitsrecht in Betracht kommt, eine Antwort erwarten können, und welche geschichtliche und teilweise urgeschichtliche Vergangenheit hinter ihnen verborgen liegt.

II.

Rechtssprichwörter. — Familienrecht. — Eherecht. — Endogamie und Exogamie. — Verlobung Minderjähriger. — Frauenraub. — Frauenkauf. — Urungarische Heiratsrechtsgewohnheiten nach dem verbesserten Text von Gardîsî. — Frauenkaufpreis und Wergeld. — Die Benennung der ungarischen Frauen nach Pelzen. — Totenhochzeit. — Witwentum, Leviratsehe. — Eltern und Kinder, väterliche Gewalt. — Aufnahme des Schwiegersohnes in die Familie der Gattin, Ambil-anak-Ehe. — Matriarchat, matriarchalische Verfassung. — Couvade. — Hausgemeinschafts- und Sippenorganisation.

Vor allen Dingen wäre es wünschenswert, im allgemeinen etwas von der Rolle des Gewohnheitsrechts und ihrem Wesen im Leben eines Volkes näher kennen zu lernen. Welches ist die Auffassung vom Gewohnheitsrecht, von seiner Kraft, wenn es in einem gegebenen Fall mit dem geschriebenen Gesetz zusammenstößt? Hierüber vermögen uns nicht nur einzelne Fälle Aufklärung zu geben, sondern ein reiches und sehr wertvolles Material liegt auch schon in den Sprichwörtern und Redensarten des Volkes verborgen. Wie außerordentlich bezeichnend sind z. B. für die Macht der Rechtsgewohnheiten folgende ungarische Sprichwörter (Réső Ensel): Ein guter Brauch wiegt mehr als drei gute Taten. Ein guter Brauch ist Wirt im Hause. Alte Gewohnheit, alte Sitte. Alter Brauch kehrt stets zurück. Eingewurzelter Brauch bindet den nüchternen Verstand. Wie wir uns gewöhnen, so leben wir. Gute Sitte hält das Land usw. Interessant ist, daß das ungarische Volk unter dem Wort törvény (Gesetz) meistens die Sitte versteht, d. h. auch das geschriebene Gesetz vermag es nur wie die vielen anderen Gebräuche, die sein Leben regeln, zu begreifen. Für eine vollständige Rechtsgewohnheitssammlung wäre den Sammlern besonders zu empfehlen, darauf zu achten, daß sie sich bei jeder einzelnen Frage beim Volke erkundigen, welchen Begriff man mit jenem Worte verbindet und ob, besonders für die vorgelegte Frage, irgendwelche mit dem Recht in Beziehung stehende Auffassung im Volksmunde existiert, irgendein treffendes Urteil, eine Redensart oder ein Rechtssprichwort[1]), da ja all dies für die Erklärung der Rechtsgewohnheiten fast als ursprüngliche Quelle zu betrachten ist.

---

1) Schon seit langem hat man die Rechtssprichwörter gesammelt, z. B. bei den Deutschen: HILLEBRANDT, *Deutsche Rechtssprichwörter.* Zürich 1856. GRAF und DIETHERR, *Deutsche Rechtssprichwörter.* Nördlingen 1864. Vgl. auch NOPITSCH, *Literatur*

Wir wollen jetzt auf die einzelnen konkreten gewohnheitsrechtlichen Fragepunkte zu sprechen kommen, so, wie diese sich in den einzelnen Teilen des Privatrechts — Familienrecht, Vermögensrecht und Schuldrecht — ferner im Verwaltungsrecht und schließlich im Strafrecht offenbaren.

Auf dem Gebiete des Privatrechts wollen wir in erster Linie das Familienrecht und in diesem vor allem das die Grundlage des Familienlebens bildende Eherecht betrachten. Unsere ethnographischen Forschungen haben sich immer gern mit der Ehe und mit deren ganzem Begriffskreis befaßt; aber die juristischen Momente haben nicht die gehörige oder wenigstens nicht überall die gleichmäßige Beachtung gefunden. Schon den auf die Ehe bezüglichen Aberglauben hat man nirgends ausgenutzt, aber, was vielleicht noch wichtiger ist, nirgends sind die sich auf die Ehe des Volkes beziehenden und sicher außerordentlich reichhaltigen Sprichwörter und Redensarten gesammelt, die die Auffassung des Volkes und seine Lebensweisheit am treuesten widerspiegeln. Wie interessant wäre es z. B., wenn wir wüßten, was das Volk in den verschiedenen Gegenden an der Braut am meisten schätzt: ihre Gesundheit, Arbeitskraft, Herkunft, ihren Reichtum usw. oder ihre seelischen Eigenschaften? Und ebenso welche Eigenschaften beim Bräutigam? Bis zu welchem Verwandtschaftsgrad erlaubt die Rechtsgewohnheit die Heirat? Wie weit ist sie statthaft zwischen geistig Verwandten, Paten, Milchgeschwistern und anderen solchen Halbverwandten? Und in welchen Fällen ist sie nicht erlaubt?

Verbietet die Dorfsitte die Heirat zwischen Angehörigen desselben Dorfes oder mit anderen Nationalitäten und wo? Wissenschaftlich gesprochen: wo herrscht Exogamie und wo Endogamie? So dürfen sich beispielsweise in den Dörfern der Gebirgsgegenden des Eisenburger Komitats nur immer Burschen und Mädchen desselben Dorfes heiraten (Ethn. XI. 309). Die Borsoder Matyós sind so strenge Anhänger der Endogamie, daß es bei ihnen sogar dem Burschen verboten ist, zu einem Mädchen aus einer anderen Straße zu gehen (a. a. O. VII. 166). Eine Erforschung und Sammlung all dieses wäre sehr wichtig, da die sozusagen von Tag zu Tag schwindenden Gebräuche die Grundlage bilden würden zu vielen besonders interessanten Beobachtungen und Feststellungen. Die Zwangsregeln der Endogamie, d. h. der Heirat nur innerhalb des Stammes, und der

der Sprichwörter. Nürnberg 1833. Bei den Russen ist der Hauptsammler ILLJUSTROW, *Juridičeskija poslowici i pogoworki russkago naroda.* Moskau 1885, und von demselben *Zbornik rossiskich poslowic i pogoworok.* Kiew 1903, mit ausführlicher Bibliographie. Bei den Italienern erschien ein Artikel von R. CORSO, *Kalabresische Rechtssprichwörter* in der ZfvglR. Bd. XXIII. 289—308.

Exogamie, d. h. der Heirat außerhalb des Stammes, befolgt man mehr oder weniger in der ganzen Welt. Demgemäß teilt man die Völker oder ihre einzelnen Klassen seit Beginn des Menschengeschlechts in ihre speziellen Gruppen. Viele haben schon versucht (WESTERMARCK, *Die Geschichte der menschlichen Ehe.* Budapest 1910. 182—223), den Ursprung der betreffenden Zwangsverbote der Ehe zu erklären, aber bis jetzt ohne richtigen Erfolg. Die totemistische Epoche der menschlichen Gesellschaftsentwicklung kannte nur die Exogamie. Nach WUNDT (*Völkerpsychologie.* Leipzig 1917. VII. *Die Gesellschaft.* I. 369) aber enthielt die Stammesverfassung neben der Stammesendogamie auch schon die Sippenexogamie in sich. Charakteristisch ist, daß bei den aus dem Altertum bekannten ältesten Staatsverträgen auch die gegenseitigen Heiraten von den vertragschließenden Völkern geregelt wurden. In Endogamie leben z. B. die Himalayavölker in Indien, mehrere malaiische Stämme, ferner die Jukagiren, Korjaken, Turkomanen, Taten und die schon fast ganz ausgestorbenen Ainos. Exogamie haben die Kirgisen, Kalmücken, Jakuten usw.; unter den finnisch-ugrischen Völkern die Samojeden, Tscheremissen und dann die türkischen Tschuwaschen. Gleicherweise ist es den denselben Familiennamen führenden Familien verboten, untereinander Ehen einzugehen, z. B. in China, bei den Mongolen, den Osseten und bei den Ostjaken [1]). Indessen darf man nicht außer acht lassen, daß das mittelalterliche grundherrliche Recht in vielen Ländern (auch hier und da in Ungarn) verlangte, daß die Leibeigenen nur innerhalb der eigenen Gemeinde oder nur innerhalb der Gemeinden desselben Gutsherrn heiraten durften; wenn man aber aus der Gemeinde irgendeines anderen Gutsherrn sich ein Weib holen wollte, so mußte man dazu vorher um Erlaubnis nachsuchen, wofür hier und da eine bestimmte Gebühr zu entrichten war. In Ungarn hat indessen König Mathias im Jahre 1486 im 36. Gesetze den Bauern das Nehmen eines Weibes aus einem anderen Dorfe für vollständig abgabefrei erklärt und dies auch 1492 Ges. 86 und 1723 Ges. 15 bestätigt.

In welchem Alter pflegte man eine Ehe zu schließen? Bestehen noch irgendwelche Erinnerungen daran, daß man auch Minderjährige

---

1) Meiner Aufgabe entsprechend ziehe ich hier nur die den Ungarn in bezug auf Rasse, Geschichte, heutige und alte Lebensverhältnisse, Einrichtungen und Kultur am nächsten liegenden Völker heran, hingegen befasse ich mich nur ausnahmsweise mit den zu anderen Weltteilen gehörigen, primitiven Völkern, weil die dort zufällig bestehenden Analogien entweder nur vielmehr die ohne weitere Verbindung bestehenden Spiele des Zufalles sind, oder aber auf den ältesten Beginn der Entwicklung der menschlichen Gesellschaft überhaupt hinweisen, aber von uns zu weit entfernt sind, als daß wir sie nutzbringend für unser Ziel verwerten könnten.

verlobte, daß man sie sogar miteinander verheiratete, was schon im Mittelalter auch in Ungarn häufig vorkam? So geschah z. B. eine Verlobung zwischen Minderjährigen im Jahre 1212, als der ungarische König Andreas II. seine Tochter, die heilige Elisabeth, im Alter von 4 Jahren dem 12jährigen Herzog von Thüringen gab. 1486 hat Georg Forster von Szent Erzsébet seine 6jährige Tochter Anna mit dem 8jährigen Franz von Nagylucse verlobt, dem Vetter des Bischofs von Raab, und sie der Sorge desselben anvertraut[1]; aber die Heirat ist nicht zustande gekommen. Der Palatin Thomas Nádasdy wurde mit seiner späteren Gattin im Alter von 11 Jahren verlobt. Seinen Sohn Franz[2] verlobte er mit der Tochter des Franz Török von Enying schon bei deren Geburt. Die Gattin des Dichters Nikolaus Zrinyi Maria Draskovich war schon in ihrer Kindheit mit Frangepán verlobt. So finden sich auch noch andere Beispiele aus dem 16. und 17. Jahrhundert (BR. RADVÁNSZKY, *Magyar családélet és háztartás a XVI. és XVII. században.* Budapest 1896. S. 347), wenn auch nicht so häufig wie z. B. in England in der zweiten Hälfte des 17. Jahrhunderts (BUCKLE, *Miscellaneous and posthumous works.* London 1872. III. 564. 565). In der katholischen und griechisch-orientalischen Kirche (G. WENZEL, *A magyar magánjog rendszere.* Budapest 1874. II. 310. 311. 331—333) in Ungarn muß der Bräutigam mindestens 14, die Braut aber mindestens 12 Jahre alt sein. Zur Eingehung einer Verlobung ist es indessen statthaft, daß die Eltern ihre minderjährigen, aber über 7 Jahre alten Kinder miteinander verloben; sobald aber die Kinder erwachsen sind, ist ihre Einwilligung nötig. CSAPLOVICS, in *Gemälde von Ungern.* Pesth 1829. II. 293. 300, erwähnt, daß die Ruthenen und Walachen ihre Mädchen mit 12 Jahren verheiraten; nach SZIRMAY war im Komitat Zemplén eine Verlobung zwischen Fünf- und Sechsjährigen nicht ohne Beispiel. Bemerkenswert ist übrigens, daß die Siebenbürger reformierte Kirche alten Männern streng verboten hat, sich mit 14—15jährigen Mädchen, und alten Frauen, sich mit 20—25jährigen Jünglingen zu verheiraten, was die griechisch-orientalische Kirche noch insofern erschwert hat, als sie wenigstens an die Eingehung der zweiten und dritten Ehe besondere Nachteile knüpfte. Die Sitte der Verlobung Minderjähriger ist übrigens auf der ganzen Welt verbreitet. Im Altertum im kaiserlichen Rom (Verlobungen von 7 Jahren an), in Babylon, Indien usw. kam sie einst und in Indien kommt sie auch heute noch sehr häufig vor. Teils Verlobung, teils Heirat zwischen Minderjährigen war Sitte bei den

---

1) G. WENZEL, *Alsómagyarorsz. bányavárosok küzdelmei a nagylucsei Dóczyakkal.* Budapest 1876. S. 14. Ung. Staatsarchiv. Dl. 19108.

2) Vgl. ALEXANDER TAKÁTS, *Alte Hochzeitsgebräuche* in *Az Ujság* vom 23. Aug. 1917.

Osseten, den Nogajer-, Teleut- und andere Tataren, Burjäten, Kalmücken, Tschuwaschen, Baschkiren, Kirgisen, Karagasen, Sarten, Tungusen, Jakuten, Kamtschadalen, den kaukasischen Abchasen, Swaneten, Ingusen, den Tschetschenzen und Juden. In Rußland bei den Weißrussen und den Donkosaken ist sie stark in Mode. Auch unter den finnisch-ugrischen Völkern bei den Samojeden, Ostjaken und Mordwinen, dagegen bei den Wotjaken wurde sie schon im Jahre 1757 verboten. Bei einigen Völkern, z. B. den Nogajer Tataren, den Altaiern, Kirgisen, Baschkiren und den Amurgiljaken kauft man 4–5jährige Mädchen als Bräute, um sie mit ihren zukünftigen Gatten gemeinsam aufzuziehen. Früher pflegten sogar auch die sibirischen Russen minderjährige Bräute aus fremden Stämmen zu kaufen. In China, bei den Kirgisen, den Kalmücken, Tschetschenzen, Ingusen und den aus Persien stammenden, im Kaukasus angesiedelten Armeniern geht man sogar so weit, daß die Eltern auch die noch gar nicht geborenen Kinder miteinander verloben. Gegen die wirkliche Ehe der Minderjährigen war man jedoch an vielen Orten vom Standpunkt der Sitte aus, besonders wo es üblich war, 8—10—14jährige Knaben mit erwachsenen Frauen zu verheiraten, was z. B. in Rußland zu dem sogenannten »snochačestwo« geführt hat, d. h. zu dem Konkubinat des Vaters des minderjährigen Ehemannes mit dessen Gattin. Ein deutscher Beobachter (zitiert bei BASTIAN, *Rechtsverhältnisse* 180) hat Frauen gesehen, die ihre Männer noch auf dem Arm trugen. Dieser Zustand soll nach einigen Forschern ein letzter Überrest der Polyandrie aus der Urzeit sein.

Im allgemeinen ist bei vielen Völkern die Verlobung und Heirat eigentlich nur ein Vertrag zwischen zwei Familien, wobei die Kinder gar nicht befragt werden; so z. B. bei den Chinesen, Mongolen, Kalmücken, Kirgisen, Turkomanen, Tscherkessen, Armeniern, Samojeden, Lappen, Mordwinen und Tschuwaschen. In Rußland hat Peter der Große verboten, die Kinder ohne ihren Willen zu verheiraten. Es wäre interessant, zu wissen, wo in Ungarn noch die Ehen allein durch die Eltern ausgemacht werden, wie dies z. B. bei den Borsoder Matyós geschieht, wo der zu verheiratende Bursche seine Braut gar nicht kennt, da seine Mutter allein für ihn die Wahl trifft und die Heirat abschließt (Ethn. VII. 166).

Bedarf es der Einwilligung der Eltern bei der Eingehung der Ehe? Was für Folgen (wie z. B. bei den Samojeden und Ostjaken) zeitigen die ohne elterliche Einwilligung geschlossenen Ehen? Oder gibt es ohne diese Einwilligung geschlossene geheime Ehen? Kommen noch durch Frauenraub oder vielmehr durch Frauenentführung geschlossene Ehen vor, und auf welche Weise, durch welche Zeremonie werden diese geschlossen, oder finden sich noch Erinnerungen an solche Heiraten? Eine bekannte Tatsache ist nämlich, daß der Mädchenraub bei den Südslawen allgemein verbreitet war (Ethn. XVIII. 20): Bogišić, *Zbornik sadašnjih pravnih običaja u južnih Slowena.* Agram 1874. 190—194. (otmica); E. Lilek, *Eheschließungen in Bosnien und in der Herzegowina* in der ethnographischen Zeitschrift Die Donauländer 1899 (448—464); Hoermann, *Achat et enlèvement des fiancées en Bosnie-Herzégovine.* Paris 1900; der Artikel des Serben Smiljanić über die Spuren von Mädchenraub, -entführung und -kauf bei den Serben, erschienen in der Zeitschrift der Belgrader Akademie Glas 1901. LXIV. 171—244; ein deutscher Auszug *Die Spuren der Raub- und Kaufehe bei den Serben* im Intern. Archiv f. Ethnogr. 1902. XV. 2; J. Piprek, *Slawische Brautwerbungs- und Hochzeitsgebräuche.* Stuttgart 1914. Bei den Walachen war es allgemein verbreitet (Draganescu, *Rumänische Hochzeitsgebräuche* in ZfvglR. XXIII. 68—105). Sogar in einigen Gegenden Serbiens, Bulgariens, Mazedoniens, gleichwie in Bosnien und in der Herzegowina in der Popow-Gegend (Értesitő XI. 124) bei den Katholiken ist der Mädchenraub noch immer üblich. In Ungarn ist er nicht unbekannt (Ethn. XXI. 125; Huszadik Század 1913. 558. 559), denn bei den Walachen kommt noch heute der Mädchendiebstahl vor, bei den Banater Serben und Siebenbürger Sachsen die Mädchenentführung. Bei allen asiatischen Völkern, die den Frauenkauf kennen, pflegten besonders die Ärmeren den meist sehr hohen Frauenkaufpreis, den sogenannten *Kalim,* sich durch Frauenraub oder Entführung zu ersparen (in Ungarn die Hochzeitskosten; vgl. Huszadik Század 1913. 563); so hat z. B. Johann Jankó (Értesitő V. 62) in einem armen ostjakischen Dorfe fast nur solche entführte Frauen gesehen. Aus ebendemselben Grunde rauben oder entführen sich ihre Braut die Tataren, Kirgisen, Tschuwaschen, Korelen, Kamtschadalen, Tanguten, Samojeden und Wotjaken, womit sich die Familie der Braut meistens zufriedengibt. Einst betrieben das auch noch die Finnen, Esthen und Lappen (Topelius, *De modo matrimonia jungendi apud Fennos quondam vigente.* Helsingfors 1847; Kohler, *Frauenwerbung und Frauenraub im finnischen Heldenepos* in ZfvglR. VI. 277—279; vgl. auch im allgemeinen Kohler, *Studien über Frauengemeinschaft, Frauenraub und Frauenkauf,* a. a. O. 334-367; E. Schulenburg, *Die Spuren des Brautraubs, Brautkaufes und ähnlicher Verhältnisse in den französischen Epen des Mittelalters,* ebenda XII. 129—140. 161—186; L. Duguit, *Étude historique sur le rapt de séduction* in der Revue hist. de droit. 1886. X. 587-625). Nach dem im Jahre 1555 vom Erzbischof Olaus Magnus über die nördlichen Völker geschriebenen Geschichtswerk war der Frauenraub damals noch bei den Ostseevölkern, den Litauern und Russen, allgemein üblich, was dann fortwährende private Fehden zur Folge hatte. Nach WILUTZKY, *Vorgeschichte des Rechts. Prähistorisches Recht.* Breslau 1903. I. 6. 138—160 aber nahm alles Eherecht seinen Anfang beim Frauenraub, denn dieser befreite die Frau aus den Ketten der für die Urzeit angenommenen Frauengemeinschaft und und verhalf ihr zu einem individuellen Leben und eigenen Rechten. Das Motiv war natürlich der Umstand, daß bei den Frauenraub betreibenden Völkern strenge Exogamie herrschte, die sie zum Frauenraub zwang, wodurch aber der Grund zu beständigen Kämpfen mit den Nachbarvölkern gegeben wurde. Nach WUNDT (a. a. O. Leipzig 1917. VII. Die Gesellschaft I. 334—354) fehlt noch bei Beginn der gesellschaftlichen Entwicklung die Raubehe, und erst da kann sie vorkommen, wo schon ausgebildete Stammesorganisationen zum Kampfe bereit stehen. Zur Zeit der Landnahme sollen auch die Ungarn Frauenraub betrieben haben, obwohl damals schon, wie wir sehen werden, die herrschende Form der Eheschließung der Frauenkauf war. Die Sage über den Ursprung der Hunnen und Ungarn (JULIUS SEBESTYÉN, *A magyar honfoglalás mondái.* I. 302. 350—355) beruht auch auf Frauenraub, und zwar indem sie diese beiden Völker von zwei dem Alanenfürsten geraubten Töchtern herleitet. Die weltlichen und kirchlichen Gesetze des 11. Jahrhunderts (Ethn. V. 272—276) verboten den Frauenraub streng, aber auch für die spätere Gesetzgebung gab diese Frage genug zu tun. Das angeblich unter König Béla IV. in Selmeczbánya (Schemnitz) entstandene Gesetzbuch (§ 26, WENZEL, Árp. Új. Okmt. III. 215) stellt in dem Falle von Frauenraub in interessanter Weise fest, ob es sich wirklich um Frauenraub handelt oder nur um Entführung. Der Richter läßt die Geschworenen und die Verwandten der Frau zusammenrufen und fragt das in der Mitte zwischen ihren Verwandten und dem Frauenräuber stehende Mädchen, zu wem es sich nach ihrem freien Willen und ohne jeglichen Zwang hingezogen fühlt. Wenn dann das Mädchen auf diese Frage hin zu dem Frauenräuber geht, so kann niemand mehr ihm etwas anhaben; geht es jedoch zu seinen Verwandten, so hat er seinen Kopf verwirkt (so sol man dem mon das Hawb abslahn). Nach dem siebenbürgischen 4. Artikel des Gesetzes aus dem Jahre 1545 (S. SZILÁGYI, *Erdélyi országgyülési emlékek* I. 223) betrieben die dortigen christlichen Walachen Frauenraub, deshalb sollen sie unter Androhung der Todesstrafe nur nach dem Ritus der römisch-katholischen Kirche eine Ehe schließen und sich gemäß dem Landesbrauch mit ihren Frauen trauen lassen. Noch im Jahre 1686 (A. HODINKA, *A munkácsi gör. szert. püspökség okmánytára.* Ungvár 1911. 261) waren nach dem Bericht über einen Kirchenbesuch bei den Ruthenen Scheidungen, heimliche Heiraten und Frauenraube an der Tagesordnung (vgl. auch K. PERSIÁN, *Mädchenraub im XVII. Jahrhundert* in der Kolozsvári Hirlap 1912. Nr. 40).

Seitdem und wo auch die Sitte des Frauenraubs endgültig verschwunden ist, lebt sie doch noch weiter als Symbol in den meisten Heiratsbräuchen des Volkes, und so auch in Ungarn. Solche Symbole sind besonders die, welche den Abschluß der Heirat scheinbar zu hindern oder zu hemmen bezwecken (Ethn. I. 408); so z. B. wenn man die Braut versteckt oder scheinbar um sie kämpft, oder wenn die Brautwerber sich für ganz andere, gleichgültige Dinge interessieren usw. Angeblich soll die Verschleierung der Braut auch eine Erinnerung an den Frauenraub sein; ja manche Gelehrte bringen sogar den Brauch der Hochzeitsreise damit in Verdacht usw. Es wäre also nötig, die ländlichen Hochzeitsgebräuche möglichst vollständig zu sammeln, denn in ihnen sind uns Erinnerungen an uralte religiöse und rechtliche Begriffe übrig geblieben.

Wir müßten nun weiterhin die Frage aufwerfen, ob noch irgendeine Spur des einstigen Frauenkaufs vorhanden ist, ob man noch irgendwo, irgend etwas für die Braut bezahlt, an sie selbst oder ihre Familie. So schreibt z. B. SCHWICKER über die südungarischen (seßhaft gewordenen) Zigeuner (vgl. WILUTZKY a. a. O. I. 169), daß bei ihnen auch heute noch der Brautkauf üblich ist, und daß der Kaufpreis aus einigen hundert Gulden oder ein paar Pferden besteht. Jedermann kennt die Bezeichnung *eladó leány* (d. h. ein zu verkaufendes, d. i. heiratsfähiges Mädchen). Noch im Jahre 1694 bezeichnete man die Verheiratung der Braut mit *eladni* (Verkauf)[1] (Ung. Staats-Archiv N. R. A. 1059—41: »nachdem ich die jüngere Schwester meiner Gattin — eine arme Waise — *verkauft* hatte, ... traf ich die Anstalten für die Hochzeitsfeierlichkeiten«). Die Székler (Nyelvőr 1903. 491) verbinden mit dem Worte *megvenni* (kaufen) geradezu den Sinn *feleségül venni* (zur Frau nehmen). Den Frauenkauf, Kaufpreis, vielleicht nebst seinem alten türkischen Namen *kalim* (VÁMBÉRY, *A török faj.* Budapest 1885. 278—280 usw.) kannten die

1) Daß in Worten wie vő (Eidam), vőlegény (Bräutigam), vőfély (Brautführer) auch der Sinn vevő (Käufer), und daß in dem Wort ara (Braut) die Bedeutung ár (Preis) verborgen liegt, kann nach den Sprachforschern jetzt nicht mehr zu Recht bestehen. Es ist nachgewiesen, daß das Wort vő (Eidam) in ebendemselben Sinne schon in den finnisch-ugrischen Sprachen vorkommt (J. SZINNYEI, Ungarische Sprachvergleichung. Budapest 1905. 143). Der Ursprung des Wortes ara (Braut) ist zwar noch nicht geklärt (Z. GOMBOCZ und J. MELICH, Lexicon critico-etymologicum linguae Hungaricae. Budapest 1914. 119. 120); aber schon der Umstand, daß seine Bedeutung »Braut« erst seit den 1850er Jahren sich verbreitet hat, ja daß es sogar früher eine männliche Person bezeichnete (Onkel), schließt die Möglichkeit aus, daß dieses Wort irgendwie mit dem Preis für die Frau oder Braut in Verbindung gebracht werden kann.

Ungarn zur Zeit der Landnahme wohl, denn der persische Schriftsteller Gardîsî (s. J. SZINNYEI, Die Herkunft der Ungarn. Ung. Bibl. I. 1. S. 51) hat in seinem zwischen 1050 und 1052 geschriebenen Werke über *die Eherechtsgewohnheiten der alten Ungarn* den Frauenkaufpreis mit diesem Wort bezeichnet. Weder das Wort *kalim* noch seine Bedeutung als Kaufpreis geht aus der ungarischen Übersetzung des Grafen Géza Kuun hervor (*A magyar honfoglalás kútfői.* Budapest 1900. S. 173; das Facsimile des persischen Urtextes und Übersetzung siehe in dem Prachtwerk *Árpád és az Árpádok,* herausgegeben von Desider Csánki. Budapest 1907, zwischen S. 36 und 37), er hat das Wort aller Wahrscheinlichkeit nach falsch gelesen als *kabin* und andererseits den richtigen Begriff des Wortes kalim nicht gekannt, und es daher gänzlich falsch mit Hochzeitsgeschenk übersetzt. Ich habe die veröffentlichte russische Übersetzung in dem Berichte (*Zapiski Imp. Akademii Nauk* VIII. Serie der historisch-philologischen Klasse I. 4. St. Petersburg 1897. 122. 123) des russischen Orientalisten V. BARTOLD über seine in den Jahren 1893—94 unternommene innerasiatische Studienreise benutzt. Daneben steht auch der Text der Oxforder Handschrift (die leider nur eine Abschrift aus dem Jahre 1782 ist), den Graf Kuun nur aus der Abschrift von Sachau kannte. Diese russische Übersetzung liest das fragliche Wort einwandfrei als *kalim* und übersetzt es dementsprechend mit *Kaufpreis.* Da aber Graf Kuun diesen grundlegenden wichtigsten Begriff und auch das Wort nicht erkannte, so ist seine ganze diesbezügliche Übersetzung verwirrt und unverständlich geworden. Daher sehe ich mich vor allem gezwungen, den bisher bekannten Text Gardîsîs auf Grund der russischen Übersetzung von Bartold zu berichtigen, obwohl auch in dieser eine Lücke an einer zum Glück nicht besonders wichtigen Stelle vorhanden ist. Der richtigere Text ist der folgende: »Bezüglich der Brautwerbung herrschen bei ihnen (das heißt bei den Ungarn) folgende Gewohnheiten. Wenn der heiratsfähige Sohn eine Frau nehmen will, so bezahlt er den »Kalim«, der je nach seinem Reichtum aus einer mehr oder minder großen Zahl von Pferden besteht. Während sie noch über den Kalim unterhandeln, führt der Vater des Mädchens den Vater des Bräutigams in sein Haus und sammelt alles, was ihm gehört an Wiesel-, Biber-, Eichhörnchen-, Marder- und Fuchspelzen; .... (hier steht ein unverständliches Wort im Urtext) wählt zehn Pelze aus, wickelt diese gleichmäßig auf der Stelle zusammen und bindet sie an das Pferd des Vaters des Bräutigams und schickt den Betreffenden heim. Dieser (d. h. der Bräutigam) schickt das für die Braut bestimmte, aus Pferden, Geld und Waren bestehende kalim, und daraufhin bringt man die Frau in sein Haus.«

Aus dieser viel klareren und vom gewohnheitsrechtlichen Standpunkt auch richtigeren Übersetzung geht schon jetzt zweifellos hervor, daß die Ehe der Ungarn vor der Landnahme entschieden auf dem Frauenkauf und dem Kalim beruhte. Die vom Vater des Mädchens für den Bräutigam gesandten zehn Stück »Pelze« waren für die Ausstattung des Zeltes des neuen Paares notwendig und bildeten gewissermaßen die Mitgift der Braut, sie gehörten aber damals offenbar auch mit zum Abschluß des Kaufvertrages. Dies ist noch heute üblich bei den türkischen-tatarischen Nomadenvölkern (VÁMBÉRY, *Die primitive Kultur des turko-tatarischen Volkes*. Leipzig 1879. 67). Auch später noch weist die äußere Form (der Ring bildete beiläufig ein Angeld auf den Frauenkaufpreis) der altungarischen Eheschließungen des 11. Jahrhunderts ebenfalls auf den Kauf hin (JULIUS KOVÁTS, Die Eheschließung in Ungarn. Budapest 1883. 14 [ung.]; FRANZ HANUY, Die Entwicklung der Formen der Verlobung und Eheschließung bis zum Dekret »Ne temere«. Budapest 1912. 54/55 [ung.]). Hieran erinnert auch heute noch das in einigen Gegenden (Ethn. I. 406) übliche Brautgeld, das der Bräutigam aus Anlaß der Verlobung seiner Braut gibt. Dieses mag die Erinnerung an das alte ungarische Brautkleid aufrecht erhalten haben, die JOSEF ILLÉS, Das ungarische eheliche Vermögensrecht unter den Árpáden (Budapest 1900. 35) aus dem altungarischen Gewohnheitsrecht ableitet, gegenüber der aus dem germanischen Recht stammenden *dos* = Morgengabe (ebenfalls einem Nachfolger des Kaufpreises).

Bekannt ist der Gainaer Mädchenmarkt im Komitat Hunyad (Értesitő VIII. 274—287; Anzeiger d. ethn. Abt. d. Ung. Nat.-Mus. VI. 286—299; Ö. NEMES' Artikel in *Erdély* 1900; TIBOLD SCHMIDTs Artikel in *Budapesti Hirlap* 1913. Nr. 171; *Fővárosi Lapok* 1878. Nr. 250; ANTON HERRMANNs Artikel in *Pallas* Lexikon XI. 317; WILUTZKY, a. a. O. I. 164—165; vgl. ferner F. BRANDES, *Der Heiratsmarkt von Aët Menguelet* im Pester Lloyd 1903. Nr. 224). Diesen pflegte man am 13. Juli auf dem Schneeberg von Gaina abzuhalten. Er ist uns auch aus JÓKAIs Erzählung bekannt. Noch im Jahre 1854 war er, wenn auch nicht mehr der Schauplatz der Mädchenmärkte, so doch der von Heiratsabschlüssen. Ein solcher Platz war in Ormányság, Komitat Baranya (*Fővárosi Lapok* 1880. 29. Okt. der Artikel von LUDWIG HÖKE) der am Lucia-Tage (13. Dez.) stattfindende sogenannte »Brautschaumarkt« zu Vajszló. CSAPLOVICS in *Gemälde von Ungern*. Pesth 1829. I. 216. II. 293, kennt noch mehr Mädchenmarktplätze. Ein solcher war in Zemplén Krasznibrod, wo — nach SZIRMAY — die Ruthenen bei dem dortigen griechisch-orthodoxen Kloster in einem Jahr dreimal einen Mädchenmarkt abhielten. In Máramaros befand sich der Marktplatz auf einem Berge und noch zur Zeit CSAPLOVICS' war es Mode, auf dem Markt sich eine Frau zu kaufen. Den rumänischen Mädchenmarkt im Biharer Komitat (*Fillértár* 1835. Jahrg. II. 23; BUCSÁNSZKYs *Großer Bilderkalender* 1851. IV. 33) hielt man am St. Peterstag auf dem Plateau Kalinasza. In Szatmár feierte man zu Mátészalka am Maria-Magdalenen-Tage, in Szabolcs zu Maria-Pócs am Tage der Wallfahrt die Mädchenmärkte, welche auch in den von Ungarn bewohnten Gegenden Slavoniens vorkamen. Endlich kann auch das Wort »*leányvásár*« (Mädchenmarkt), das im Komitat Háromszék den zwischen die Jahrmarktstage fallenden Sonntag bezeichnet, darauf hinweisen.

Es ist möglich, daß man einst auf allen Märkten eine Frau erstehen konnte, denn es ist wunderlich, daß man von anderswo nur von zwei solchen Mädchenmärkten Kenntnis hat. Diese stammen aus dem Altertum und sind beide bei HERODOT verzeichnet. Die eine Stelle vermerkt von Babylon, daß da in den Städten des Reiches sämtliche heiratsfähige Jungfrauen öffentlich versteigert worden sind. Dies wollten viele, so auch RAWLISON, *The five great monarchies of the ancient eastern world.* London 1873. III. 21. 22, nicht glauben, während andere, z. B. LE BON, *Les premières civilisations.* Paris 1887. 548, und WILUTZKY, a. a. O. I. 163. 164. II. 202. 203, es für glaubwürdig halten. J. L. BURCKHARDT, *Notes on the Bedouins and Wahabys.* London 1830. 158, hat etwas Ähnliches von den ägyptischen Bauern aufgezeichnet, daß sie nämlich ihre Töchter dem Meistbietenden geben. Die Glaubwürdigkeit der Behauptung Herodots wird am meisten durch diese seine zweite Behauptung erhärtet, daß nämlich die der babylonischen ähnliche Versteigerung der Mädchen auch bei den Illyrern und Venetern vorkommt. Wir wissen aber, daß bei den Albanesen, die aller Wahrscheinlichkeit nach Nachfolger dieser Illyrer sind, der Frauenkauf auch heute noch Sitte ist. Der Frauenkauf selbst (WILUTZKY, a. a. O. I. 161—181; III. 202. 203 usw.) war übrigens über die ganze Erde verbreitet. Im Altertum sprechen die assyrischen Keilschriften und Hammurabis babylonische Gesetze (§ 138—139. 159—161. 164; M. KMOSKÓ, *Die Gesetze Hammurabis.* Klausenburg 1911) vom Kauf und vom Kaufpreis der Frau, vom »*tirhâtu*«, dem das althebräische »*môhar*« (I. Moses XXXIV. 12; I. Samuel XVIII. 25) und das »*mahr*« des alten arabischen Rechtes entspricht; auf den Frauenkauf aber bezieht sich II. Moses XXII. 16. 17 und V. Moses XXII. 28. 29. Das römische Wort *coëmtio* ist mehr als ein Sinnbild, es konnte aber nur in den vorgeschichtlichen Zeiten gewesen sein. Ebenso bei den Griechen, zur Zeit der homerischen Epen; auch bei den Hindus, und zwar in den ältesten Zeiten der Vedas, denn schon das Gesetzbuch MANU's hat ihn verboten, was aber nicht verhinderte, daß in Indien der Frauenkauf auch heute noch weit und breit üblich ist. Er wird auch bei den Thrakern, bei den alten Armeniern erwähnt, und Kaiser Justinian brandmarkt ihn als tierische Sitte. Bei den Germanen bestand der Kaufpreis der Frau aus Rindern, aus gesattelten Pferden und aus Waffen. Bei den Franken lebt dieser Gebrauch im Zeitalter der Merowinger (Chlodwigs Heirat mit Chlotilde) nur mehr sinnbildlich, anderswo aber noch tatsächlich, so z. B. verbietet die Synode zu Trier im Jahre 1227 den Frauenkauf bei den Friesen; im Ditmarschischen war er noch am Ende des XV. Jahrhunderts üblich. Auch das alte keltische Recht kennt den Kaufpreis der Frau (H. D'ARBOIS DE JUBAINVILLE, *La famille celtique. Étude de droit comparé.* Paris 1905. 113—124). Von den Slawen ist der Frauenkauf bei den alten Preußen, bei den Litauern, Polen, Russen belegt. Z. B. Kasimir von Polen zahlte dem Russenfürsten Jaroslaw (1019—1154) als Kaufpreis für seine Schwester Marie 800 Kriegsgefangene. Die russischen Bojaren von Nowgorod haben ihre Frauen noch am Anfang des XV. Jahrhunderts auf dem Markte für einen oder zwei Silberbarren gekauft. In einzelnen Distrikten Rußlands ist es auch heute noch Sitte, die Frau zu kaufen, so auch bei den Kleinrussen in Galizien und hie und da (KRAUSS, *Sitte und Brauch der Südslaven.* 272 ff.) bei den Südslawen, bei den Neugriechen noch im Jahre 1835. Bei den Osseten (KOWALEWSKI, *Coutume contemporaine et loi ancienne.* 161. 162), den Abkömmlingen der Alanen, hat man den Frauenkauf erst im Jahre 1878 abgeschafft. Von den finnisch-ugrischen Völkern kennen ihn die Samojeden, Wotjaken, Wogulen, Ostjaken, bei denen es bemerkenswert ist, daß die Verhandlung über den »*kalim*«-Preis zwischen den Eltern des Bräutigams und des Mädchens ohne Worte, stumm vor sich geht. Den Frauenkauf betreiben noch die Alëuten, Baschkiren, Kalmücken, Mongolen, Tungusen, die tatarischen Katschinzen usw., Kurden, Afghanen, Perser, Chinesen, Birmanen, Kambodscher usw., um andere Weltteile gar nicht mit heranzuziehen.

Was nun die äußeren Bedingungen der Entstehung dieser Heiratsform anbelangt, so stimmen sie alle darin überein, daß dieselbe schon in dem patriarchalischen Zeitalter der Gesellschaft auftreten konnte; so lange konnte keine Rede von einem Frauenkauf sein, als kein Privatbesitz existierte, und er kann zugleich als eine der ersten Erscheinungen auf dem Gebiete des Handels gelten. Den Frauenkauf selbst leitet man direkt vom Frauenraub ab. Er entstand in einer Zeit, als man nämlich angefangen hatte, es für zweckdienlicher zu erachten, die Rache der durch den Frauenraub in ihrem Besitz geschädigten Stämme im voraus durch Kauf abzulösen. Diese Entschädigung konnte aber in keinem Falle geringer als das Wergeld (Blutpreis) der betreffenden Frau sein, d. h. als der Wert, durch welchen im

Falle des Frauenraubes der Frauenräuber die Blutrache des Stammes, den er so beleidigt hatte, sühnen, erkaufen konnte. So wurde es Sitte (THURNWALD, ZfvglR. XXV. 425), die Frauen für dieses Wergeld abzukaufen, und daher kommt es, daß der Preis der Frau überall, anfänglich ganz, später nur mehr im großen ganzen, dem Wergeld entsprach; z. B. war bei den alten Hindus der Kaufpreis der Frau 100 Kühe, ebensoviel also, wie das Wergeld eines Mannes ausmachte. Es ist zu bemerken, daß all diese Preise Höchstpreise sind und daß innerhalb dieser Grenze die Prinzipien der Nachfrage und des Angebotes zur Geltung kamen, sowie auch die Übereinkunft. Im alten ungarischen Recht ist die Morgengabe der Frau (dos) ebenfalls gleich hoch wie das Wergeld (WERBŐCZY, *Tripartitum* I 93 § 4 und II 43 § 2), es kommt dieser Zusammenhang zwischen der Verheiratung des Mädchens und dem Blutpreise auch darin zum Ausdruck, daß (WOLFGANG CSEREI, *Das Gesetz der ungarischen und der Szekler Frauen.* Klausenburg 1800. S. 133), wenn der Bräutigam die Verlobung ohne Schuld der Braut löste, er verpflichtet war, zur Strafe den Blutpreis der Frau zu bezahlen. Das Höchstmaß des altungarischen Frauenkaufpreises hat GARDÎSÎ leider vergessen aufzuzeichnen, wir kennen aber aus den Gesetzen St. Stefans das Maximum des ungarischen Blutpreises, der 100 Rinder ausmachte. VALENTIN HÓMAN hat von dessen System in seinem grundlegenden Werke *Ungarische Münzgeschichte 1000—1325.* Budapest 1916 festgestellt (157—168), daß die Ungarn zur Zeit der Landnahme aus der Urheimat es mit sich brachten, und daß es auf dem Fünfer-Zahlensystem beruht, ebenso wie die 100 Kühe der Hindus, die altarabischen 100 Kamele und die altgriechischen (Homers) 100 Ochsen. Nach dem Gesagten kann kaum mehr ein Zweifel darüber bestehen, daß bei den alten Ungarn der Preis der Frau, das Maximum des Kalim ebenfalls in 100 Rindern oder entsprechend bewerteten Pferden, Geld und Waren bestand. Man darf nicht außer acht lassen, daß der Grundpreis das Wergeld war, was man erst später auf den Frauenkaufpreis angewendet und natürlich entsprechend angepaßt hat. Wir können vielleicht auch Gardîsîs Zeugnis benutzen, denn es ist auffallend, daß er bloß eine Zahl angibt, nämlich die der 10 Felle, welche der Vater der Braut dem Bräutigam zum Abschluß des Kaufkontraktes und gewissermaßen als Mitgift schickte. Da bekanntlich zwischen dem Frauenkaufpreis und dieser sogenannten Mitgift ein gewohnheitsrechtlich im voraus bestimmtes Wertverhältnis vorhanden sein mußte, ist es nicht unwahrscheinlich, daß die 10 Felle Gardîsîs den entsprechenden Prozentsatz von den 100 Rindern des alten ungarischen Frauenkaufpreises und des mit diesem gleichen Blutpreises bildeten.

Bei der interessanten Frage der Frauenkaufpreise bleibt noch ein Punkt, der uns ebenfalls näher angeht und auch dazu bestimmt ist, eine ebenfalls noch unaufgeklärte Stelle der ungarischen Urzeit zu erhellen. SCHRADER, *Reallexikon* 1917. macht 162 darauf aufmerksam, daß eine Parallele der homerischen *alphesiboia* auch im Russischen zu finden ist. So nennt nämlich HOMER das heiratsfähige Mädchen, d. h. = die Ochsenbringende oder -verschaffende, denn, wie wir sahen, war zu seiner Zeit das Wergeld 100 Ochsen hoch, und wenn nun anzunehmen ist, daß das Maximum des Kaufpreises der griechischen Jungfrau ebenso hoch war, konnte sie von ihrer Familie mit Recht alphesiboia gepriesen werden, als Vermehrerin des Familienbesitzes. Ein Analogon ist in dem russischen Haushaltungsbuch Domostroi um das Jahr 1560 zu finden. Da nannte man das zu verheiratende Mädchen *kunka* = Marderchen (nach *kuna* = Marder), ebenfalls auf Grund der Marderfelle oder des Mardergeldes, die oder das vom Bräutigam als Kaufpreis der Braut gezahlt worden sind. Es ist nunmehr klar, daß in denselben Begriffskreis das ungarische *hölgy* (Dame) gehört, welches Wort zugleich auch Hermelin bedeutet (Z. GOMBOCZ, Die bulgarisch-türkischen Lehnwörter in der ungarischen Sprache. Helsinki 1912. 32; Nyr. 1912. 37. 38. 244). Dazu auch die alten ungarischen Frauennamen *Neste* und *Nusz* (MNy. 1915. 385—387) aus *nyest* (Marder) und *nyuszt* (Edelmarder). Schließlich die Benennung des Tieres *menyét* (Wiesel) dialektisch als *hölgymenyét* und *menyétasszony* (MTájsz. I. 1433; NyK. XXIV. 138; Nyr. XII. 105. 1907. 279—281), sogar die Ableitung *meny* (Schwiegertochter), *menyasszony* (Braut), *menyegző* (Hochzeit) aus dem Tiernamen *menyét*. Daß diese Wörter alle zusammenhängen, war bekannt, wir wußten aber damit nicht viel anzufangen, da der ursprüngliche Zusammenhang in Dunkel gehüllt war. Jetzt aber wissen wir schon, daß die Benennung der ungarischen Frau nach diesen verschiedenen Tierfellen aus den Heiratsrechtsgewohnheiten der altungarischen Frauenkaufsitte stammt. So unbestreitbar diese Tatsache an und für sich sein mag, bleiben dennoch viele Schwierigkeiten. Die Tierfelle entsprechen nämlich weder dem Rinderblutpreis aus St. Stefans Zeiten, noch dem Frauenkaufpreis nach Gardîsî. Zur Erklärung bieten sich aber zwei Möglichkeiten. Einmal könnte sie von den bei Gardîsî erwähnten Fellen ausgehen, die der Bräutigam als Mitgift erhielt. Das konnte für ihn Grund genug sein, die Frauen, die als Braut eine Anzahl Felle bedeuteten, nach eben diesen Fellen zu benennen. Es gibt aber auch eine andere Erklärung, welche sogar in eine viel ältere Epoche als die der bei Gardîsî aufgezeichneten Heiratsrechtsgewohnheiten, zu ursprünglicheren Gewohnheiten, bis zum Ursprung des ungarischen Volkes selbst zurückreicht. In bezug auf den Ursprung schließe ich mich auch der Ansicht an, welche JULIUS SZEKFŰ in seinem ausgezeichneten Buche *Der Staat Ungarn.* Stuttgart-Berlin 1918. 12 entwickelt, daß nämlich die Ungarn eine Mischung zweier verschiedener Völker seien, so zwar, daß das größere finnisch-ugrische Jäger- und Fischervolk von irgendeinem kleineren türkisch-tatarischen nomadischen Hirtenvolk unterjocht wurde. Dieses übernahm jedoch dann die Sprache der Unterworfenen. Beide wurden dann durch schwere gemeinsam getragene Schicksalsfälle alsbald zu einem Volke zusammengeschweißt. Der Kaufpreis der ungarischen Frau konnte in diesem ältesten finnisch-ugrischen Jäger- und Fischerzeitalter wirklich aus Tierfellen bestanden haben. Daher konnten die von Tierfellen genommenen Benennungen der Frauen herrühren. Dagegen könnte das kalim Gardîsîs und der Rinderblutpreis aus der Stefanszeit schon mehr ein Ergebnis der Entwicklung des späteren türkisch-tatarischen nomadisierenden Zeitalters sein. Die kalimzahlenden Völker (*Etnograf. Obozrěnije* LV. 1902. 70—76) zahlen übrigens auch heute die Mitgift der Frau aus dem vom Bräutigam erhaltenen kalim und immer im Verhältnis zu diesem, wie es auch bei Gardîsî steht. Manchmal sind beide ungefähr gleich, wie bei den Kirgisen, manchmal, z. B. bei den Karagas, beträgt die Mitgift die Hälfte des kalim, aber bei den meisten Völkern noch weniger; d. h. der Bräutigam bekommt den bezahlten »kalim«-Wert in Gestalt einer Mitgift ganz oder teilweise zurück. Kalim und Mitgift können außer Kleidungsstücken auch aus Hausgeräten, Zelten, allerlei Tieren (z. B. bei den Tschuwaschen aus Bienen) usw. bestehen.

Beim Sammeln der Hochzeitsbräuche sind noch viele offene Probleme, die dem Volke als Fragen vorzulegen sind. Z. B. im 16. und 17. Jahrhundert haben, wie dies der ausgezeichnete Kenner der verschiedensten Beziehungen dieser Zeit ALEXANDER TAKÁTS, (*Alte ungarische Heiratsgebräuche.* Az Ujság 1917. 23. August) festgestellt hat, zwischen Verlobung und Hochzeit noch eigene Zeremonien stattgehabt: *kézfogás* (wörtlich das Handreichen), das Ringwechseln und vielleicht auch der Schwur, wie dies das ungarische Volk hie und da jedes für sich auch heute noch festlich zu begehen pflegt. Es wäre daher wünschenswert, die Gebräuche aller bis ins einzelne kennen zu lernen und zu wissen, welche Kraft jedem einzelnen die Rechtsgewohnheit zuschreibt. So pflegen in der griechisch-orthodoxen Kirche die Verlobungen feierlich vor dem Geistlichen stattzufinden, die Heirat wird also dadurch nicht nur vorbereitet, sondern fängt damit tatsächlich an, und das Vergehen dagegen wird nach dem Konzil von Trulla im Jahre 692 als Ehebruch angesehen. Auch bei den Juden (V. Moses XXII. 23. 24) wurde die

Untreue der verlobten Frau als Ehebruch angesehen. Diese bindende Kraft der Verlobung findet SAALSCHÜTZ, *Das mosaische Recht*. Berlin 1846. II. 729 in dem Frauenkauf begründet, daß nämlich die bei solchen Heiratskaufverträgen festgesetzten Summen und Geschenke zu diesem Zeitpunkt schon beiderseitig angenommen worden sind. Auch nach dem alten ungarischen Recht, wie wir dies oben gesehen haben, mußte man für die Lösung der Verlobung das Wergeld zahlen. Es wäre daher interessant, zu wissen, welche Vereinbarungen getroffen werden vor der Heirat, wie man diese nennt, welche Folgen der Rücktritt von der Verlobung oder Heirat hat, welche Vermögensverhältnisfolgen hat der Tod des Bräutigams oder der Braut vor der Heirat? Gibt man irgendwelche Sicherung zur Vollziehung der Heiratsvereinbarung, z. B. irgendein Pfand, welches z. B. bei den Syrjänen die Braut dem Bräutigam gibt, oder bei den Tschetschenzen die Eltern des Bräutigams den Eltern der Braut geben, oder aber bei den Ingusen der Bräutigam den Verwandten der Braut überreicht? Die Swaneten geben das Pfand, das gewöhnlich aus einem Stier besteht, falls die Heirat nicht zustande kommt, zurück.

Wie faßt man die Morgengabe, die Mitgift auf? (B. MUNKÁCSI, *Der Gebrauch des Heiratsgeschenkes bei den alten Ungarn*. Ethn. V. 214 ff.; S. JAKAB, *Ausstattung, Morgengabe und Verlobungsgebräuche im alten Pest*. Vasárnapi Ujság 1905. Nr. 53. Vergleiche KAPRAS, *Eheliches Güterrecht im altböhmischen Landrechte* in ZfvglR. XXIII. 106—208.) Woraus besteht die Mitgift? Wie benennt man sie? Was ist ihr weiteres Schicksal? Wie ist das Verhältnis der Ehegenossen in Bezug auf das Vermögen? usw. Z. B. nach dem deutschen und normannischen Recht wird das bis dahin getrennte Vermögen der Ehegatten durch die Geburt des Kindes zur Vermögensgemeinschaft. In dem keltischen Recht von Wales (LEWIS, *The ancient laws of Wales*. London 1892. 8. 9) war der Gatte nur sieben Jahre lang haftbar für das Vermögen der Frau (gwaddol), welches, wenn sie sich bis zu diesem Zeitpunkt scheiden ließen, die Frau zurückbekam, aber nach sieben Jahren in das Familienvermögen überging. Besteht nicht vielleicht die Möglichkeit, daß die bei den Ungarn sprichwörtlichen 7 Winter und 7 Sommer, die das Volk für die Probezeit jeder Ehe hält, ebenfalls auf irgendeiner in Vergessenheit geratenen uralten Rechtsgewohnheit fußen?

Wie beurteilt man das Vorleben der Braut? Was hält das Volk von den Pflichten des Gatten und der Gattin, von den Rechten des Mannes? Wie beurteilt es die Zwistigkeiten der Eheleute, den Ehebruch, das außereheliche Zusammenleben mit andern, oder die wilden Ehen? Welche Bezeichnungen, Sprüche hat es diesbezüglich?

Beim Ehebruch bestraft die griechisch-orthodoxe Kirche nach dem römischen Recht nur den Treubruch der Frau, und darin folgte auch das altungarische Recht, da nach dem Gesetz I. 13 König Ladislaus' des Heiligen (1077—1095) der Gatte die untreue Frau auch töten konnte. Die katholische Kirche hingegen und das neuere Recht machen schon zwischen Ehebruch der Frau und des Mannes keinen Unterschied mehr. Das Komitat Zemplén verbot im Jahre 1656 (Corpus Statutorum II. 1. Heft 223) den ruthenischen Geistlichen das Taufen von Kindern, die aus einem Ehebruche hervorgegangen waren. Was aber die wilden Ehen anbelangt, so waren im 17. Jahrhundert nicht nur diese, sondern auch die Polygamie sehr verbreitet, besonders bei den Ruthenen. So verbot z. B. im Jahre 1656 das Komitat Ung, im Jahre 1664 das Komitat Bereg die bei den ruthenischen Bauern übliche Bigamie und Polygamie (A. HODINKA, a. a. O. I. 182. 204) bei Todesstrafe, selbst von den ruthenischen Geistlichen stellte eine Kirchenuntersuchung im Jahre 1686 fest (ebenda S. 261), daß sie meistenteils in Bigamie oder Polygamie lebten. Den rumänischen Geistlichen des Komitats Bihar verbietet ihr Bischof noch im Jahre 1705, in Bigamie zu leben (ebenda S. 464).

Nach welchem Zeitraum schickt es sich nach der Rechtsgewohnheit, zum zweitenmal zu heiraten? Beobachtet man auch in diesem Falle die üblichen Heiratszeremonien, oder worin weicht man von ihnen ab? Ist eine solche Heirat nicht mit irgendwelchen Nachteilen verbunden? Z. B. bei den Kirgisen zahlt, wer sich wieder verheiratet, seinem vormaligen Schwiegervater eine Entschädigung usw.

Ist die Ehescheidung üblich? Nach WILUTZKY (a. a. O. I. 211—214) war die Scheidung in den alten patriarchalischen Gesellschaften, wie in Rom, im altindischen Rechte, bei den Germanen, im Islam usw. sehr erleichtert, um so leichter, je mehr die väterliche Gewalt zum Ausdruck kam; auch heute noch bei den Mongolen, Tungusen, bei den Kaukasusvölkern usw. In Ungarn war dies besonders bei den Ruthenen sehr leicht. Schon im Jahre 1552 (A. HODINKA, a. a. O. 13. 14. 84. 428—433. 436) erfahren wir aus dem Verbot des Königs, daß die ruthenischen Leibeigenen von ihren Ehefrauen nicht durch die kirchlichen, sondern durch die weltlichen Behörden für wenig Geld geschieden werden. In einer Zeugenaussage um 1640 heißt es: »früher haben die Russen immer solch ein Gesetz gehabt, daß, wenn jemand seine Frau nicht liebte, er sie verjagen konnte, da zahlte er dem Herrn Strafgeld, worauf der Bischof ihm 6 Gulden Strafe auferlegte«, und jetzt beklagt er sich, daß der Bischof »gegen das *Gesetz* der Russen« 10 Gulden erhebt. Noch seltsamere Zustände waren im Jahre 1705 unter dem russischen Bischof Stojka in Marmaros, der für Geschenke eine ganze Reihe

Frauen von ihren Ehegatten schied, unter dem Titel der einseitigen Abneigung. Ebenso trennte er auch die Gatten, gewöhnlich für je eine Kuh. In Apsa war sogar ein Mann, der seine zwei Frauen viermal heiratete und sich von ihnen viermal scheiden ließ. Es wäre auch wissenswert, ob irgendein Ritus oder Symbol der Scheidung bis auf unsere Zeit übrig geblieben ist. Denn bei den finnisch-ugrischen Völkern, bei denen übrigens eine Scheidung eine Seltenheit ist, symbolisiert die Scheidung bei den Wogulen, Tscheremissen, Wotjaken, Mordwinen, ehemals (1800) auch bei den Tschuwaschen, das Zerreißen des Schleiers der Frau durch den Gatten. Der heilige Ambrosius zeichnete auf (DU CANGE, *Glossarium*. II. 361. unter Clavis), daß zu seiner Zeit die Frau zum Zeichen ihrer Scheidung die Schlüssel ihrem Manne zurückschickte. Nach einer französischen coutume warf die Witwe, falls sie die Schulden ihres verstorbenen Gatten nicht bezahlen wollte, ihren Gürtel und die Schlüssel auf den Leichnam zur Versinnbildlichung des Aufhebens der Gütergemeinschaft zwischen ihnen.

Interessant ist es auch, daß nach Auffassung des Volkes nicht nur ein Lebender, sondern auch ein Toter Recht hat, sich zu verheiraten und Hochzeit zu halten. Der Volksglaube meint nämlich, daß das Leben im Jenseits eine direkte Fortsetzung des irdischen Lebens ist, also daß denjenigen oder diejenige, die jung, unverheiratet verstorben sind, auch der Tod daran nicht hindern kann, ihr Recht geltend zu machen und verheiratet zu werden. Der Grund hierfür ist freilich eigentlich die Furcht vor der Seele des verstorbenen Jünglings oder Mädchens, daß diese nicht etwa aus ihrem Grabe auferstehen und die Lebenden wegen ihres unterbliebenen Heiratsrechtes beunruhigen. Darum (Ethn. XVII. 252. 253), wenn ein Jüngling oder ein Mädchen stirbt, ist die erste Aufgabe, für sie eine Braut oder einen Bräutigam, auch Brautjungfern zu bestimmen. Diese tanzen dann unter Musikbegleitung entweder an dem Grabe selbst oder vor dem Friedhof oder aber nur beim Totenschmaus und feiern so die Hochzeit des Toten. Diese Sitte ist auch in Ungarn verbreitet, bei den Ungarn am Plattensee (Értesitő XV. 151), in Pécska, Komitat Csongrád (Ethn. XXIII. 292. 293), ferner bei den Rumänen, Serben, bei den Siebenbürger Sachsen. Daß dies aber eine alte Sitte war, können wir aus CSEREIs Bemerkungen folgern (vgl. seine Nachträge und Bemerkungen zum X. Abschnitt des Werkes von PETER APOR, *Metamorphosis Transsylvaniae. Monum. Hung. Hist.* Pest 1863. XI. 480). Hier steht, daß der Magnat Klemens Mikes († 1686), nachdem seine einzige Tochter als Jungfer verstorben war, auf dem dem Begräbnis folgenden Totenschmaus erklärte, daß, wenn seine Tochter am Leben geblieben wäre, er ihre

Hochzeit gefeiert hätte, da er sie aber nun unserm Herrn und Erlöser zur Gattin gäbe: »darum, so mich jemand liebt, der möge heute fröhlich sein in meinem Hause!« Darauf belustigte er sich bei Musik und Tanz bis zum Morgen mit seinen Gästen. Cserei wußte freilich schon nicht mehr, daß dies eine uralte Rechtsgewohnheit war, und daß Klemens Mikes dieser huldigte, als er die Hochzeit seiner verstorbenen Tochter hielt. MARCO POLO schreibt Mitte des XIII. Jahrhunderts (Ethn. VII. 310. Anm.) von den Tataren, daß, wenn der ledige Sohn des einen Tataren zu gleicher Zeit mit der noch jungfräulichen Tochter eines anderen starb, dann ihre Eltern zusammenkamen, einen Heiratsvertrag schlossen und mit großer Feierlichkeit die Hochzeit der zwei jugendlich Verstorbenen begingen; die zwei Familien hielten sich auch von diesem Zeitpunkt ab für verwandt. Auch aus den arabischen Schriftstellern wissen wir [1]), daß nicht nur die Slawen, sondern auch die Chasaren ihre jung Verstorbenen zu verheiraten pflegten. Bei dem Begräbnis eines russischen Stammeshauptes sahen sie, daß das nach dem Aufruf sich freiwillig als Braut meldende Mädchen getötet und neben dem Toten bestattet wurde. Hier aber trifft diese Rechtsgewohnheit schon mit der wohlbekannten Sitte der Hindus zusammen, daß nach dem Tode des Gatten die Witwe verbrannt wurde, welche Gewohnheit schon Diodorus Siculus im Jahre 300 v. Chr. aufzeichnete, die auch von Cicero angeführt wird und die zu verbieten erst im Jahre 1829 gelang. Die Verbrennung der Witwe war übrigens überall verbreitet, z. B. war sie bei den Völkern zur Zeit der Entdeckung Amerikas üblich; bei einem Chinesenstamm kommt sie auch heute noch vor. Aus dem Altertum wurde dies von den Thrakern, Geten und Germanen aufgezeichnet. Bei den Mordwinen [2]) blieb das Andenken der Hinrichtung der Witwe auch in einer Opferzeremonie erhalten, bei welcher man eine Witwe auf Holz legt und so tut, als ob man ihr den Hals abschnitte. Es ist wissenswert, daß hingegen dort, wo nicht das Patriarchat, sondern das Matriarchat oder die Matrilinearität herrscht, der Gatte der Frau in den Tod folgt.

Es wäre auch gut, das Schicksal der Witwe, die von der altungarischen Sprache und von dem Dialekt mit dem Namen *árva* (= Waise, verwaist) bezeichnet wird, eingehender mit allen diesbezüglichen volkssprachlichen Daten zu kennen, weil auch da die

---

1) Ethn. XVIII. 120. 121. O. SCHRADER, *Totenhochzeit.* Jena 1907. A. LESKIEN, *Eine litauische Totenklage. Das Begräbnis als Hochzeit.* Leipzig 1914. Festschrift für E. Windisch.

2) JULIUS KROHN (Ungarische Übersetzung von A. BÁN), Der heidnische Gottesdienst der finnisch-ugrischen Völker. Budapest. 1908. 233.

Spuren uralter, verschwundener Rechtsgewohnheiten zu suchen sind. Ich meine z. B. die Institution des Levirats, nach welcher die Witwe entweder auch fernerhin im Witwenstand verblieb, oder aber irgendeinen Verwandten oder Bruder des Mannes zu heiraten hatte, augenscheinlich darum, weil der Gatte sie seinerzeit gekauft hat; sie wurde also nach seinem Tode auch als zum Nachlaß gehörend betrachtet, so sehr, daß z. B. die Jakuten nicht einmal ein eigenes Wort für Witwe haben. Schon das altindische Recht (Manu) läßt das Levirat als eine Folge des Frauenkaufes erscheinen. Aus dem Levirat der Juden, woher die Benennung selbst stammt (levir = der Bruder des verstorbenen Gatten) gehen auch die übrigen, obzwar allem Anschein nach späteren Motive dieser Institution hervor. (WUNDT a. a. O. 1917. VII. Die Gesellschaft I. 107. 108. 361. 362.) Wenn z. B. der Gatte Kinder hinterließ, konnte man die Witwe nicht zu einer zweiten Heirat zwingen, was MICHAELIS schon im Jahre 1814 (BUCKLE a. a. O. II. 547. 548) ganz richtig dahin deutete, daß in solchen Fällen der Kaufpreis der Frau der Familie des Gatten schon durch das Kind zurückerstattet war. Vor Moses war das Levirat streng einzuhalten, und man betrachtete es damals noch als Recht der Familie und der Geschwister. Danach entwickelte es sich aber zu einem Recht der Witwe und andererseits zur Pflicht und Last der Geschwister, welchen Moses eine Erleichterung schaffen wollte, als er (V. Buch XXV. 5—10) bestimmte, daß es nur im Falle der Kinderlosigkeit in Kraft treten sollte, und er erlaubte (F. BENARY, *De Hebraeorum leviratu.* Berolini 1835), daß die Brüder des Gatten, dem Alter nach aufgefordert, die Witwe zu ehelichen, dieser Pflicht nicht nachzukommen brauchten. Die Witwe konnte in diesem Falle aber ihre Sache vor Gericht bringen, und wenn der betreffende Bruder sich auch da weigerte, konnte die Witwe dem Bruder die Sandalen von den Füßen ziehen und ihm auch ins Gesicht spucken, indem sie ausrief: »So muß man mit dem Manne verfahren, der das Haus seines Bruders nicht aufbauen will.« Diese im Gesetz vorgeschriebene sogenannte *chalizah*-Zeremonie verrät zusammen mit dem Ausruf, daß der vielleicht spätere, aber doch höchste Zweck des Levirats die Aufrechterhaltung des Namens, des Zweiges, des Hauses des verstorbenen Bruders durch jedes Mittel, wenn nicht anders, durch einen fiktiven männlichen Nachkommen war. Das Levirat ist aber nicht etwa eine Eigenheit des hebräischen Rechtes, so wenig, daß es z. B. in Afrika, Polynesien, in Amerika verbreitet ist und auch in Peru unter den Inkas Sitte war. Von den uns hier näher angehenden Völkern kennen es z. B. die Ostjaken, Samojeden, Tschuktschen, die Eskimos, die Nogajer und andere Tataren, die Kirgisen, die Tungusen, Burjäten, Kalmücken, die kaukasischen Osseten,

Tscherkessen, Ingusen und Tschetschenzen, Drusen, die syrischen Araber, die Hindus, die Ukrainer.

In der Zeit STUART MILLS (*Principles of political economy.* London 1849. I. 438) war das Levirat auch in einigen Gegenden Italiens nicht unbekannt. Nach den Aufzeichnungen aus dem Altertum war es auch in Sparta üblich, bei den alten Arabern (im Koran ist es aber abgeschafft), bei den alten Türken, Tataren (Ethn. VII. 306) und Hunnen (ebenda VII. 301). Es mußte auch bei den alten Ungarn vorhanden gewesen sein, denn, was bisher gar nicht auffiel, St. Stefan mußte in einem eigenen Gesetz (I. 26) die Witwe davor schützen, daß man sie nicht zu einer neuen Heirat zwinge (a nemine cogatur in coniugium). In einem anderen Gesetz (I. 30) schützte er diejenige Frau, deren Mann aus dem Lande floh, daß nämlich niemand sich unterfange, sie zu einer zweiten Heirat zu zwingen (nemo in aliud coniugium cogere praesumat). All dies beruhte auf der uralten Rechtsauffassung, daß die Frau zum Besitztum des Mannes und seiner Familie gehört. (Eine ganz andere, dennoch wertvolle rechtswissenschaftliche Besprechung dieser Gesetze stammt von dem Rechtshistoriker FELIX SCHILLER, *Das Heiratsrecht im Gesetzbuch Stefans des Heiligen.* Budapest 1912. 3—11, Sonderabdruck aus der Grosschmid-Festschrift.) Derselben Auffassung ist es zuzuschreiben, wenn in Albanien, nach GOPČEVIĆ, die Braut nach dem Tode des Bräutigams von dessen Brüdern an einen anderen verheiratet werden kann, ohne daß sie die Erlaubnis der Familie der Braut dazu einzuholen brauchen. Bei den tatarischen Katschinzen, Kirgisen, Samojeden, Ostjaken trachtet die Familie, gleichviel ob der Bräutigam oder die Braut stirbt, ihn oder sie durch einen jüngeren Bruder oder eine jüngere Schwester ersetzen zu lassen und die andere Familie für den Verlust auf diese Weise schadlos zu halten. In denselben Gedankenkreis gehört auch, wenigstens teilweise, die Tötung der Witwe nach dem Tode des Gatten, wovon vorhin schon die Rede war und in Abschnitt III, wieder unter anderen Gesichtspunkten, bei den Toten-Zeremonien, die Rede sein wird. Anfänglich konnte die Witwe überhaupt nicht wieder heiraten, wie z. B. bei den Germanen; später wurde sie zur Einhaltung gewisser Trauerjahre gezwungen, welche anfangs lange dauerten, später immer kürzer bemessen wurden, bis endlich das römische Recht ein Jahr festsetzte (bei den Osseten, Kirgisen, Mordwinen ist die Wiederverheiratung der Witwe eine Zeitlang ebenfalls verboten), aber dies geschah nur mehr im Interesse des etwa zur Welt kommenden Kindes. Die Witwentrauer war gewöhnlich streng[1]). Sie führte wohl nirgends

---

1) Siehe GÉZA RÉVÉSZ, *Das Trauerjahr der Witwe* in der ZfvglR. XV. 361—405. *Über die Trauerzeit nach polnischem Rechte* im Archiv für kath. Kirchenrecht. 1888.

zu solchen Übertreibungen wie in Frankreich. Auch in Ungarn (L. KŐVÁRI a. a. O. 107) lebte die Witwe in großer Zurückgezogenheit, und nach dem alten ungarischen Gewohnheitsrecht war sie im Laufe des Trauerjahres nicht verpflichtet, mit irgend jemand Prozeß zu führen. Was aber ihre Wiederverheiratung anbelangt[1]), so sah die Kirche eine solche nicht gern. Der heilige Augustin erlaubte auch noch die dritte Ehe, aber Tertullian und der heilige Ambrosius haben schon die zweite verurteilt, Gregorius von Nazianz nannte die dritte ungesetzlich und die vierte eine Schweinerei. Die byzantinischen Kaiser haben anfänglich schon die dritte, später, seit Basilius, die vierte Ehe für ungesetzlich erklärt. Andererseits ist es zweifellos, daß die Sicherstellung des Schicksals der Witwe durch die Morgengabe (dos) vor allem ein Verdienst der Kirche ist.

Zur Beleuchtung der Familienverhältnisse wäre es wichtig, das ganze Sprachmaterial der verschiedenen auf- und absteigenden und seitlichen Verwandtschaftsgrade mit den darauf bezüglichen Sprüchen zu sammeln. Das Rechtsverhältnis zwischen Eltern und Kindern wird auch mehrere Fragepunkte erfordern, z. B. wie ist die väterliche Gewalt beschaffen? Wie lange dauert diese? Wann werden die Kinder frei? Worin besteht der Unterschied zwischen unverheirateten und verheirateten, aus der Familie ausgeschiedenen und nicht ausgeschiedenen Kindern? usw. Die väterliche Gewalt hat eine sehr lehrreiche Geschichte, von der Bibel angefangen, wo der Familienvater, besonders anfänglich, in der Familie eine schrankenlose Rechtsprechung, selbst über Leben und Tod, ausübte (I. Moses XXXVIII. 24). Die Ausführung selbst hat das Gesetz (V. Moses XXI. 18—21) schon einer Obrigkeit überwiesen, III. Moses XX. 2 hat schon die bis dahin übliche Opferung der Kinder verboten. Es sind außerdem noch viele Gesetze in der Bibel, welche die Eltern zur Bestrafung ihrer Kinder auffordern, sogar die gegen sie gerichteten Verstöße unbarmherzig ahnden (z. B. II. Moses XXI. 15. 17, III. Moses XX. 29, V. Moses XXVII. 16, Sprüche Salomonis XXX. 17), ebenso wie das Vergehen derjenigen, die gegen Gott sündigen. Der jüdische Philosoph Philo aus Alexandrien nennt in seinem Werk über die Verehrung der Eltern diese nicht nur menschlicher, sondern auch göttlicher Natur, da sie andere, bisher unbekannte Personen erzeugen können; nach der alten Auffassung also (FUSTEL DE COULANGE, *Die Gemeinde im Altertum.* Eine Abhandlung über grie-

---

LIX. 408—416. LEROUX DE LINCY, *Femmes célèbres de l'ancienne France.* Paris 1848. I. 370. 371. E. FEYDEAU, *Le deuil en moyen âge* in Annuaire archéologique 1853. XIII. 300—322. QUICHERAT, *Histoire du costume en France.* Paris 1875. 288. 409. 619.

1) M. WOLFF, *Zur Geschichte der Witwenehe im altdeutschen Recht.* Mitth. des Instituts für österr. Geschichtsforschung 1896. XVII. 369 ff.

chische und römische Religion, Recht und Institution. Budapest 1883. 43. 113—127). die die Zeugung der Schöpfung verglich, wurde der Erzeuger selbst als göttlich oder als Gott am nächsten stehend angesehen. Die väterliche Gewalt[1]) erreichte ihren Höhepunkt in Rom mit der Ausübung des Rechtes über Leben und Tod in der Familie und auch mit ihrer lebenslänglichen Dauer. Aber mit mehr oder weniger Abweichungen, länger oder kürzer war dies der Fall in Griechenland, in Babylon, im altindischen Recht, bei den Germanen, Kelten, im alten England, Frankreich, bei den Russen, z. B. in ihren Gesetzen vom XVII. Jahrhundert, ferner auch heute noch im Islam, in Indien, in China und Japan, wie auch bei den verschiedensten Völkern im Kaukasus, bei den türkisch-tatarischen und finnisch-ugrischen Völkern, wie wir dies weiterhin sehen werden. Einzelne Gelehrte meinen fälschlich, daß die Nomadenvölker die väterliche Gewalt nicht kennten. Mit dieser Gewalt hängt besonders im Orient und im Kaukasus auch die außerordentliche Kälte und Verschlossenheit zusammen, mit der die Gatten bezüglich ihrer eigenen Familienverhältnisse sich von der Außenwelt, ja sogar auch von ihren vertrautesten Bekannten abschließen, und irgendwelche Zärtlichkeit oder Vertraulichkeit würde sie der Verachtung in der allgemeinen Meinung preisgeben. JULIUS CAESAR, *De bello gallico VI. 16* schreibt, daß die gallischen Väter ihre Kinder, bis diese nicht herangewachsen und zum Waffendienst geeignet waren, nicht einmal zu sehen wünschten, man hätte sich sogar darüber aufgehalten, wenn man in ihrer Nähe Kinder gesehen hätte. Da aber die ursprünglich schrankenlose väterliche Gewalt sämtliche Familienmitglieder ebenso wie die Sklaven und Tiere für ihr Eigentum hielt, ist es natürlich, daß auch die Frau keine Ausnahme machen konnte, um so weniger, da sie ja entweder durch Raub oder Kauf, oder aber infolge Abdienens in die vollständige Macht ihres Gatten gekommen war. Daher kommt es, daß man unter der väterlichen Gewalt die Frau überall unter ständiger Bevormundung gehalten hat, und daß der Gatte das Recht hatte, sie zu bestrafen, zu töten oder zu verkaufen. Bei den Germanen konnte er sie sogar irgendwem als Erbschaft hinterlassen. Die Bestrafung der Frau ist außer bei den Tschuktschen am schrecklichsten im Kaukasus, wo besonders die Tscherkessen und Pschawen zur Strafe ihr manchmal Ohren, Nase oder Hände abschneiden. Ebenso verfahren die armenischen Väter im Kaukasus mit den ihnen entlaufenen und zu ihnen zurückgekehrten Mädchen.

---

1) WILUTZKY, a. a. O. I. 120. 121. 216. 217; Berlin 1903. II. 1–30. WESTERMARCK a. a. O. 133–138. ARBOIS DE JUBAINVILLE, *La puissance paternelle sur le fils en droit irlandais* in Revue historıque de droit 1885. IX. 466—471 und in Revue Celtique. 1886. VII. 91—96. 214. *Études sur le droit celtique.* Paris 1895. I. 242—253.

Es war schon vorher die Rede von der Tötung der Ehebrecherinnen als allgemeine Sitte. Noch verbreiteter war der Verkauf der Frau, was die Deutschen [1]) sogar noch im XIII. Jahrhundert im Falle der äußersten Notlage des Mannes duldeten. Dies hat schon Hammurabi (117) erlaubt, obschon in Babylon neben der ausgebreiteten väterlichen Macht die Frauen dennoch eine erstaunliche Freiheit hatten. Diese Art und Weise der Schuldenabtragung des Mannes üben auch heute noch die Zigeuner in Sibirien, die Burjäten, Tataren, Konjagen, Kirgisen, Sarten, wie auch die Samojeden und Mordwinen. Am meisten kann uns aber überraschen, was Grimm behauptet, daß noch zu seiner Zeit beim englischen niederen Volke es Sitte war, die Frau zu Markt zu tragen und sie zu verkaufen.

Was nun die Kinder anbelangt, so ist die Grundlage der ihnen gegenüber gezeigten väterlichen Gewalt nach Wilutzky darin zu suchen, daß der Gatte über die Frau Besitzrecht hat, nach welchem nicht nur sie, sondern auch die Frucht ihres Leibes ihm gehörte. Dasselbe Schicksal, das im Zeitalter der unumschränkten väterlichen Gewalt der Frau zuteil ward, erwartete auch die Kinder, nur in einem noch gesteigerten Maßstabe. Sobald eins geboren wurde, zeigte sich sogleich die Macht des Familienoberhauptes, denn es entschied sogleich über Tod oder Leben des Neugeborenen. Diesbezüglich schreibt das römische, griechische, indische, germanische, slawische (polnische) Gewohnheitsrecht eine gewisse gleiche Zeremonie vor [2]). Diese bestand darin, daß man das Kind gleich nach der Geburt auf die Erde legte (humi positio infantum), bis der Vater es von der Erde zu sich emporhob, damit feierlich zum Ausdruck bringend, daß er es als Familienmitglied anerkennt und es unter den Schutz seiner väterlichen Macht nimmt. Wenn er es aber nicht aufhob, sondern auf dem Boden liegen ließ, dann mußte das Neugeborne beiseite geschafft werden: es wurde entweder getötet, oder ausgesetzt und seinem Schicksal überlassen, wie dies aus den unzähligen Geschichten und Sagen aller Völker allgemein bekannt ist. Dieses Hinlegen des Neugeborenen auf die Erde und das Emporheben durch den Vater nennt Wundt eine der ersten Rechtshandlungen, die als solche heute nur noch bei einem primitiven Stamm in Brasilien (Tupi) und nach Post noch bei den Fidschi-Insulanern vorkommt. Aber als einfacher Volksgebrauch, von seinem rechtlichen Inhalt entblößt, ist er in Deutschland und auch anderswo verbreitet. In Ungarn bei den Slowaken im Komitat Gömör; auch anderswo in

1) Grimm, *Deutsche Rechtsaltertümer.* 450. 451.

2) Grimm, a. a. O. 455—460. I. 628; Schrader, *Reallexikon* 65. 66; Wundt, a. a. O. 1917. VII. Die Gesellschaft. I. 222; 1918. IX. *Das Recht.* 371—376; W. Platz, *Geschichte des Verbrechens der Aussetzung.* Stuttgart 1876.

Oberungarn und in Siebenbürgen in Kalotaszeg [1]). Er verdiente aber als Überrest einer solchen uralten und ungemein wichtigen Rechtsgewohnheit eine viel eingehendere Untersuchung. Das Kinderaussetzen, das noch ARISTOTELES für gut befunden, schränkte das germanische Gewohnheitsrecht ein, indem es vorschrieb, daß das Aussetzen sogleich nach der Geburt und ohne Genuß eines Tropfens Speise oder Trank geschehen müßte; denn ein einziger Tropfen Milch oder Honig, zu dem das Neugeborene kommen konnte, sicherte sein Leben. Später, zur Zeit des Christentums, als dieses unbarmherzige väterliche Recht nicht mehr zur Geltung kommen konnte, haben das Kinderaussetzen nur noch die ihrer Schande sich entledigen wollenden Mütter ausgeübt. Der Tatort war im Mittelalter meistens die Kirchentür, wenn aber das Neugeborene noch nicht getauft war, so kennzeichnete man diesen Umstand, nach der Verordnung des Konzils zu Limasol (Cyprus) im Jahre 1298, dadurch, daß man Salz [2]) daneben legte; es wird damit erklärt, daß die Urchristen die zur Aufnahme der Taufe vorbereiteten erwachsenen Katechumenen mit Salz zu bestreuen pflegten, und weil schon im Alten Testament nach den Worten des Propheten Hesekiel (XVI. 4) die Körper der Neugeborenen nach dem Waschen mit Salz eingerieben wurden. Nach CSAPLOVICS (a. a. O. II. 303) pflegte man auch in Ungarn in die erste Windel des Kindes ein wenig Brot und Salz zu tun.

Der Kindermord als väterliches Recht war übrigens vom Altertum her in der ganzen Welt verbreitet und richtete sich besonders gegen die Mädchen. Bei den Semiten spielten sie besonders als Kindesopfer der gottgeweihten Erstgeborenen eine große Rolle, aber nicht nur bei den Juden [3]), sondern auch bei den übrigen Semiten: bei den Phöniziern, Ammonitern, Moabitern, ferner in Syrien und Karthago. Kinderopfern begegnen wir auch in den slawischen Sagen [4]), und sie kamen früher auch bei den Finnen, Lappen und Esthen [5]) vor. Heute geschehen die meisten Kindermorde in China, ebenfalls kraft des väterlichen Rechtes, aber ohne Zweifel hauptsächlich infolge der schwierigen wirtschaftlichen Lebensverhältnisse. Eine gleiche

---

1) BARTHOLOMAEIDES, *Inclyti Sup. Ungariae Comitatus Gömöriensis Notitia.* Löcse 1805—08. 444; CSAPLOVICS, a. a. O. 1829. II. 302; IPOLYI, Magyar Mythologia. Pest 1854. 211; Ethn. IV. 113.

2) DU CANGE, *Glossarium* VII. 277 unter »Sal«; GROSCH, ZfvglR. XXIII. 453 Note 111; 434 Note 43.

3) C. MOMMERT, *Menschenopfer bei den alten Hebräern.* Leipzig 1905.

4) DRAGOMANOW, *Die slawischen Sagen über Opfern des eigenen Kindes* in »Die Donauländer« Jahrg. 1899. 1—12. 105—116. 190—198; JULIUS KROHN, A. BÁN, a. a. O. 238. 257. 341.

5) C. A. WINTER, *Töten und Aussetzen Neugeborener bei den Esthen in vorgeschichtlicher Zeit* im Globus 1902. 81. Band. Nr. 13.

Macht üben über das Leben ihrer Kinder die Kamtschadalen, Tschuktschen, Jakuten, Altaier, Tataren und von den Kaukasus-Völkern die Osseten, Tscherkessen, Lesghier und Swaneten aus; ferner vor 1762 die Don-Kosaken; seitdem man das Töten verboten, betreiben sie das Aussetzen in größerem Maße[1]. Westermarcks Beobachtung (a. a. O. 183. 184) ist von Interesse, daß nämlich das Kindertöten bei zahlreichen wilden Völkern fast vollkommen unbekannt ist, es scheint sogar bei solchen überhaupt seltener zu sein, als bei den weiter vorgeschrittenen Stämmen. Es ist nun sehr naheliegend, daß das Recht, das Kind zu verkaufen, ebenfalls zur väterlichen Macht gehörte, von den ältesten Zeiten bis auf unsere Tage. In der Bibel ist hierfür kein unmittelbares Beispiel vorhanden, aber um so mehr Belege[2] dafür, daß die Gläubiger die Kinder wegen Schulden des Vaters in die Sklaverei schleppten. Auch in Babylon waren sie besonders zu solcher Abtragung der Schulden zu benutzen. Bei den Griechen in Athen hat Solon das Verkaufen der Kinder verboten. Bei den Römern hat Kaiser Diocletian das diesbezügliche unumschränkte Recht des Vaters aufgehoben, aber Konstantin der Große hat es im Falle der übermäßigen Armut des Vaters wieder erlaubt. Auch die Germanen und Kelten haben den Kinderverkauf betrieben und sogar im späteren Mittelalter haben sie dieses Recht des Vaters für den Fall übergroßer Armut anerkannt. Der Kinderverkauf ist auch heute noch bei vielen Völkern üblich, z. B. in Indien. Er ist wohlbekannt bei den Kalmücken, Burjäten, Jakuten, Kirgisen, Tataren, Dolganen, Tschuwaschen, im Kaukasus bei den Osseten, Tscherkessen, Lesghiern, unter den uralischen Völkern nur bei den Samojeden und Mordwinen.

Im späteren byzantinischen Recht, unter dem Einfluß des Christentums, schrumpft die unumschränkte patria potestas immer mehr zusammen. Die väterliche Gewalt verwandelte sich in eine elterliche Macht, da man auch schon die Rechte der Mutter anerkannt hatte. Im Frankenreich unter den Merowingern konnte nicht nur der Vater, sondern auch schon die verwitwete Mutter ihr Kind verkaufen; diese Gewohnheit hat auch das Edikt von Pistoja (861) gutgeheißen. Das Capitulare Karls des Kahlen vom Jahre 864 erlaubte für Zeiten der Hungersnot den Kinderverkauf. In England hat das Poenitentiale der Kirche von Canterbury in solchen Fällen den Verkauf ebenfalls geduldet. BERNARD (*Histoire de l'autorité paternelle en France.* Montdidier 1863. 109) beruft sich noch im XVI. Jahrhundert auf

1) M. MARKOW, *Statist. swěděnija o dětjach podkidanich w wojskě Donskom.* o. O. 1868.

2) II. Buch der Könige IV. 1; Hiob XXIV. 9; Nehemias V. 5; Jesaias L. 1; Matthäus XVIII. 25.

einige Fälle, wo der Vater in äußerster Not sein Kind verkaufte. In Süd-Frankreich[1]) konnte den Sohn selbst die Heirat nicht ganz aus der Macht des Vaters befreien, wie im römischen Recht. Dazu war eine eigene Freisprechung des Sohnes nötig, welche vom Vater vor der Obrigkeit mittels einer eigenen Rechtszeremonie vor sich ging, welche selbst im XVI. Jahrhundert noch üblich war. Aus den von DU CANGE, *Glossarium* III. 250. 251 unter Emancipatio angeführten Urkunden aus dem XIII. und XV. Jahrhundert geht hervor, daß zur Mündigkeitserklärung des Sohnes von seiten des Vaters eine eigene freisprechende Handlung und eine Urkunde gehörten. Nicht einmal der Vater selbst konnte die Freisprechung des Minderjährigen bewirken, hierzu war eine eigene königliche Einwilligung notwendig.

Aus der väterlichen Macht folgt es, daß im Mittelalter die Väter ihre Kinder der Kirche schon in der Wiege weihen konnten, zu Sklaven des Gottesdienstes (mancipantur Dei servitio). Das Kind pflegte man mit der Wiege zusammen auf den Altar[2]) zu setzen und Gott zu weihen. Auch die noch nicht Geborenen konnte man Gott anbieten als Priester, Mönche, Nonnen. Die Regeln des Heiligen Benedikt schreiben auch vor, daß man die Hand solcher gottgeweihten Knaben mit der Anbietungsschrift der Eltern zusammen in das Altartuch einwickeln sollte. Solch ein Kind blieb dann für immer an das Kloster und an den Orden gebunden, ohne jedes Erbrecht. Es gab zwar viele, die dieses ganze Anbietungssystem, welches auch die Vormünder ausüben konnten, als Simonie verurteilten. Die Capitularen vom Jahre 789 und 794 haben es sogar verboten. Trotzdem hielt es sich noch vielerorts, und erst in späterer Zeit wurde das Schicksal der Geweihten insofern gemildert, daß sie, volljährig geworden, sich darüber frei äußern konnten, ob sie ihre Zustimmung dazu gäben oder nicht.

In den Gesellschaften, wo die väterliche Macht herrscht, benehmen sich die Familienmitglieder natürlich nicht als solche, sondern vielmehr als Untertanen dem Familienoberhaupt gegenüber. VÁMBÉRY, *A török faj.* Budapest 1885. 324. 325. 435 schreibt, daß z. B. bei den nomadischen Kirgisen und den halbnomadischen Ösbeg die Söhne mit einer so tiefen Ehrfurcht dem Vater begegnen, daß sogar der 30—40 Jahre alte Sohn sich erhebt, wenn der Vater in das Zelt tritt, und sich nicht eher setzt, bevor der Vater ihn nicht wiederholt dazu auffordert. Er spricht nicht, bevor er ihn fragt. Er erschrickt sogar vor einem einzigen Blick des Vaters. Bei den

1) KOENIGSWARTER, *Histoire de l'organisation de la famille en France.* Paris 1851. 230. 231.

2) DU CANGE, *Glossarium* VI. 9—11 unter »Oblati«.

Kirgisen erfreuen sich übrigens auch die Mütter einer großen Achtung, aber ihnen gegenüber kommt auch schon die Liebe mehr zum Ausdruck. Es ist erstaunlich, daß z. B. im XVI. Jahrhundert auch in England[1]) es nicht anders war. Die erwachsenen Kinder knieten oder standen still in der Gegenwart ihrer Eltern und setzten sich oder sprachen nur, wenn sie die Erlaubnis hierzu erteilt bekommen hatten. In Frankreich[2]) war das innere Leben der Familie noch kälter und zeremonieller, und man hat die väterliche Gewalt noch strenger gehandhabt. Am Ende des XVII. Jahrhunderts haben sogar königliche Befehle die Eltern ermächtigt, daß sie ihre ungehorsamen Söhne zum Zweck der Besserung in ein beliebiges Staatsgefängnis schicken konnten. Aus den Memoiren des Fürsten Sully geht hervor, in welch strenger Zucht er seine erwachsenen, ja sogar seine verheirateten Kinder hielt. Wir wissen, wie viel Mirabeau von seinem Vater zu leiden hatte, und auch Chateaubriand beschreibt in seinen Erinnerungen seinen Vater als unumschränkten Herrscher seiner Familie, in dessen Gegenwart jedermann unbeweglich wie zur Statue wurde. Ganz gleich verhielt es sich aber auch mit den französischen bürgerlichen und Bauernfamilien. Heute können wir es uns nur mehr schwer vergegenwärtigen, daß die französische Revolution kommen mußte, um in dem Staate nicht nur das Königtum und das Lehnswesen, sondern auch in der Familie die Macht des Familienoberhauptes zu brechen.

Vom einstigen ungarischen Reichsgebiet, aus Dalmatien[3]), kennen wir ebenfalls interessante Daten über die väterliche Gewalt. Die älteste Angabe stammt aus dem Jahre 1080[4]) und bezieht sich auf die Gemeinde Selo zwischen Spalato und Salona, als diese noch zum alten kroatischen Königreich gehörte. Da handelt es sich um eine Reihe verschiedenster Fälle von Kinderverkauf. Das eine Kind wurde von dem Vater im zarten Alter auf den Markt gebracht; das Alter dreier anderer kennen wir nicht; das vierte Kind wird für die Schulden des Vaters als Sklave verkauft mit der Vereinbarung, daß, sobald der Vater einen gleichen Skaven für ihn stellen kann, er seinen Sohn zurückbekäme. Ein Gatte verkaufte seine Frau samt der Tochter. Auch der Bruder verkauft den Bruder mit seiner ganzen Familie zusammen. Sogar der Sohn, wofür man sonst kein

1) *Pictorial history of England.* II. 884. 885.

2) BERNARD, a. a. O. 109. 110. TAINE, *Les origines de la France contemporaine. L'ancien régime.* Paris 1885. 174—176.

3) J. STROHAL, *Otkupno prawo u starih Hrwata* in Rad Jugoslaw. Akademije Zagreb. 1911. 189. Band. 7—10. MAŽURANIĆ, *Prinosi za hrwatski prawnopowěstni Rěčnik.* Zagreb. 1908—1917. 862—866.

4) RAČKI, *Documenta historiae Croaticae periodum antiquam illustrantia.* Zagrabiae 1877. 127—138.

Beispiel findet, verkaufte seine eigene Mutter. Dem Kloster auf der Insel Lacroma gibt ein Vater im Jahre 1184 seinen Sohn auf 10 Jahre zum Pfand [1]). Nach dem Statut Ragusas aus dem Jahre 1272 hatte der Vater das Recht, seinen Sohn aus dem Hause zu treiben, ohne daß er verpflichtet gewesen wäre, überhaupt etwas vom Familienbesitz ihm herauszugeben. Dasselbe wird im Statutum von Cattaro und Budua festgesetzt, hier konnte sogar nach dem Tode des Vaters die Mutter den Sohn ohne Mittel aus dem Hause jagen, wenn er nicht bei ihr wohnen wollte oder ihren Befehlen nicht gehorchte. In Poljica aber, obzwar die Gesetze davon nichts wußten, war es Sitte, daß der Vater, wenn sein Sohn ungeraten war, ihn auf die venezianischen Galeren brachte, damit man ihn als Bösewicht oder als Sklaven sein ganzes Leben lang hier festschmiede.

In Ungarn [2]) war die väterliche Macht anfangs ebenfalls unumschränkt. Ein Beleg hierfür ist das Wort *család* (*MEtSz.* I. 821—825), welches, wie auch das in den Dokumenten aus dem früheren Mittelalter vorkommende lateinische familia, ursprünglich nicht den heutigen Begriff der Familie, auch nicht die Familienmitglieder, sondern mit ihnen zusammen die Gesamtheit der Hausleute, des Gesindes, als Untergeordnete der väterlichen Macht, bedeutet. Ein Beleg aus dem Jahre 1409 (GYÁRFÁS, Die Geschichte der Jazygen und Kumanen. *A jász-kunok története.* Szolnok 1883. III. 554) zeigt, daß es ausdrücklich auch zur Bezeichnung Kriegsgefangener und Sklaven diente. Das erst in der zweiten Hälfte des XVI. Jahrhunderts auftauchende Wort *cseléd* desselben Ursprungs läßt den Sinn des Dieners, Untertans noch mehr erkennen. Wie wir aber wissen, nennt das ungarische Volk seine eigenen Kinder *cselédeim* (= meine Diener). Das Familienoberhaupt als solches war auch bei den Ungarn Herr über Tod und Leben. Wie erwähnt, konnte der Gatte nach dem Gesetz I. 13 des Heiligen Ladislaus seine des Ehebruchs überführte Gattin töten. Seine große Macht bezeugt negativ auch die strafrechtliche Verantwortlichkeit der Familienmitglieder, da man nämlich für die Vergehen des Familienoberhauptes auch sie unschuldig zur Rechenschaft gezogen und auch bestraft hat. Das Gesetz II. 12 des Heiligen Ladislaus ordnete an, daß man die Kinder eines des Diebstahls überführten freien Mannes, das Gesetz

1) SMIČIKLAS, *Codex diplomaticus Regni Croatiae, Dalmatiae et Slavoniae.* Zagrabiae 1904. II. 188. 365.

2) A. v. TIMON, *Ungarische Verfassungs- und Rechtsgeschichte.* 2. Aufl. Berlin 1909. 330 ff. *Hajnik, Magy. alkotmány és jog az Árpádok alatt.* Pest 1872. 294. G. WENZEL, *A magyar maganjog, rendszere.* Budapest 1874. II. 369—371. K. HERMAN, *Az atyai hatalomról a magyar magánjogban tekintettel a római jog es jogbölcsészetre.* Balassagyarmat 1885.

Kolomans I. 56, daß man die Söhne der an dem Verbrechen ihres Mannes beteiligten Mutter als Sklaven verkaufe. Während der Heilige Ladislaus nur die Kinder unter 10 Jahren begnadigte, tat dies Koloman bis zu 15 Jahren. Diese harte Bestrafung für die Sünden der Eltern sehen wir z. B. auch in dem Falle Nr. 54 (alte Nr. 150) v. J. 1213 des *Regestrum Varadiense,* in welchem der sieghafte Gegner den bei der Feuereisenprobe zu Fall Gekommenen samt seiner Frau, seinen drei Söhnen und zwei Töchtern als Sklaven an irgend jemand verkauft, der sie im J. 1229 (ebenda 370, alte Nr. 359) wieder weiterverkaufte, bis endlich der XXV. Gesetzartikel v. J. 1231 die strafrechtliche Verantwortlichkeit der Familienmitglieder endgültig aufhebt. Auch in Ungarn war es den Familienvätern erlaubt, ihre Kinder als Sklaven zu verkaufen [1]) oder zu verpfänden. Die Geschwister konnten ihre Schwester verpfänden, offenbar als ihre natürlichen Vormünder, Reg. Varad. Nr. 258, alt 190. Es war auch die Anbietung der Kinder als Sklaven Gottes verbreitet, wie dies aus einem Dokument v. J. 1251 [2]) und auch schon aus der Einleitung desselben (arenga) hervorgeht: nonnullos eciam *paterna oblacio* conversos facit et *subiectos servituti.* Ein adeliger Vater weihte sein Kind am Altar des Heiligen Paulus dem Domkapitel von Kalocsa (obtulit ad altare Sancti Pauli), daß es bis an sein Lebensende den Dienst des Glöckners versehe. Später aber, als er das Kind heranwachsen und auch in seinen Studien Fortschritte machen sah, bereute er seine Tat, sah ein, daß die Freiheit doch das Wertvollste sei, und bat das Kapitel, man möge ihm sein Kind zurückgeben und lieber sein Gut dafür eintauschen, worin das Kapitel auch einwilligte, obzwar es betonte, daß ihm das Kind wertvoller sei. Das *Tripartitum* Werbőczys (I. 51—56) beschreibt eingehend den Umfang der väterlichen Gewalt, welche freilich nicht mehr so schrankenlos ist, wie im Zeitalter der Árpáden; dennoch konnte der Vater seinen Sohn statt seiner als Geisel geben, weiterhin konnte er seine volljährigen Söhne tadeln und bestrafen, sogar, falls ihre Ausschreitung und Bosheit es wünschenswert erscheinen ließ, sie einkerkern lassen, was dann auch der Gesetzartikel CXI v. J. 1723 wiederholte, indem er aussagte, daß die Väter ihre ungehorsamen Söhne zur Bestrafung den Behörden übergeben können. Andererseits konnte der Sohn den Vater keines Vergehens beschuldigen und konnte nur mit seiner Einwilligung heiraten; falls er aber volljährig war, konnte der Vater ihm die Heirat nicht verbieten. Werbőczy zählt aber auch die

1) THEINER, *Vetera Monumenta hist. Hungariam sacram illustrantia.* Romae 1859. I. 94. Reg. Varad. Nr. 150, alt 293.

2) WENZEL, Neues Diplomatarium aus dem Zeitalter der Arpaden. *Árpádkori Új. Okmt.* VII. 332.

Fälle auf, in denen nicht nur der Vater den Sohn, sondern auch dieser den Vater zur Aufteilung der alten Güter zwingen konnte. FRANK (*Das Gesetz des Gemeinrechtes.* Ofen 1845. I. 177) liest aus dem 3. Punkte des § 51. I des Tripartitums heraus, daß, wenn der Vater selbst noch unter väterlicher Macht steht, diese dem Großvater zukommt, da in einem Hause nur ein Oberhaupt sein kann. Der eben angeführte Gesetzartikel CXI. v. J. 1723 bezeugt auch, daß selbst später noch die väterliche Macht nicht wesentlich geschwächt wurde. In den Städten standen die Behörden immer gern den Eltern zur Bestrafung ihrer Kinder zur Verfügung [1]), z. B. denjenigen, der seine Hand gegen die Eltern zu erheben wagte, hat man auf ewig aus der Stadt verwiesen. Über Franz Csáky wissen wir (Baron B. RADVÁNSZKY, a. a. O. 348), daß er seinen Sohn ins Gefängnis werfen ließ, weil er die ihm zugedachte Homonnay-Tochter nicht heiraten wollte. Alle diese Fragen sind viel zu wichtig, als daß sie nicht eine eingehendere Untersuchung seitens der Historiker verdienten. Aber auch bei den sonstigen Völkern Ungarns ist zu untersuchen, was sie von der einst so gefürchteten väterlichen Gewalt noch behalten haben oder worin sich noch einzelne Spuren von ihr zeigen.

Womit, mit welcher Zeremonie, mit welchem Symbol oder welcher Tracht kennzeichnet man die Aufnahme der Minderjährigen in die Zahl der Volljährigen? Pflegt man die verlobte Tochter von ihren Schwestern zu unterscheiden? Z. B. bei den »Csángós« (Bezeichnung für in die Bukowina ausgewanderte Ungarn) haben die 12—16jährigen Mädchen einen eigenen Namen *czinka* oder *vézse* (Nyr. 1901. 170). Was für eine Rolle spielt das Aschenbrödel oder das uneheliche Kind in der Familie? usw.

Eine verwickelte, aber sehr interessante familienrechtliche Frage ist die Aufnahme des Eidams in die Familie der Frau, welche Rechtsgewohnheit nach MAKSIMOW, *Etnogr. Obozrěnie.* 1902. LV. 41—76 auf die älteste, primitive Familienorganisation zurückweist, als man die Frauen noch nicht kaufte und die verheiratete Frau nicht zu ihrem Manne zog (1), sondern auch weiterhin bei ihrer Familie als deren vollberechtigtes Mitglied verblieb. Im Gegenteil, der Mann zog zur Familie seiner Frau, wo er eine Zeitlang bei dieser Familie diente, wie Jakob um Lea und Rachel zweimal 7 Jahre (I. Moses XXIX. 18), er hat also gewissermaßen den Wert der Frau abgedient, später aber wurde er gleichberechtigtes Mitglied der Familie. Sowie dann der Frauenkauf und die Bezahlung eines

1) DEMKÓ, Aus dem Leben der oberungarischen Städte im XV.—XVII. Jahrhundert. *A felsömagyarországi városok életéröl a XV.—XVII. században.* Budapest 1890. 181. 182.

»kalim« zur Gewohnheit wurde, und der Bräutigam hierdurch volles Recht auf die Braut bekam, blieb der Gatte an seinem eigenen Wohnort (2), teils weil der Kaufpreis noch nicht voll ausbezahlt war, teils nur mehr als Erinnerung an die vorher erwähnte Heiratsform. Er besuchte nur von Zeit zu Zeit seine Frau oder aber führte sie nur nach Verlauf eines längeren Zeitraumes in sein Haus. In diesem Falle mußte er aber seine eigenen Kinder von der Familie der Frau auslösen. Die ersterwähnte Sitte (1) ist bei den nordostsibirischen Völkern, bei den Jukagiren, Korjaken, Tschuktschen, Kamtschadalen und Kurilen verbreitet, die kein »kalim« kennen und größtenteils in Endogamie leben. Die letztere Sitte (2) aber ist auch heute noch bei allen kalimzahlenden Völkern Asiens üblich, wie z. B. bei den Kirgisen, Telenguten, Turkomanen, Meschtscherjaken, Tungusen, Jakuten, Baschkiren, bei den Kasan-, Kundra- und Tscheremschan-Tataren, den Katschinzen, Lamuten, Goljden, Kalmücken, Burjäten, unter den finnisch-ugrischen Völkern bei den Wotjaken, Ostjaken, Tscheremissen, Lappen, sowie bei den Samojeden.

Die Frau kehrt bei mehreren Völkern für eine Zeit zu den Eltern zurück, was WILUTZKY a. a. O. I. 204. III. 206 mit der ebenfalls verbreiteten Sitte der zeitweiligen Enthaltsamkeit der Ehegatten vergleicht und welche unter anderem auch bei den Albanern und bei den Siebenbürger Rumänen vorkommt.

Andere Gelehrte führen wieder alle diese Erscheinungen auf die nach mütterlichem Recht organisierte Familie, auf das sogenannte Matriarchat zurück, welches nach ihrer Meinung dem auf die väterlichen Rechte gegründeten Patriarchat voranging und die älteste gesellschaftliche Organisation der Menschheit war. In ihr nämlich erbten die Kinder alles: Namen, Vermögen, Rechte und Sippenangehörigkeit (von einigen wenigen Ausnahmen abgesehen) von der Mutter und nicht vom Vater, wie dies auch heute noch in Australien, auf den malayischen Inseln, auf Ceylon und teilweise in Indien besteht und in vielen Ländern des Altertums, z. B. in Lykien usw. ebenfalls vorkam. Bei den Wotjaken bekennen sich die einzelnen Dörfer[1]), bei den Jakuten und Burjäten die einzelnen Sippen als Abkömmlinge einer Sippenmutter. Die Wotjaken haben früher einmal nicht den väterlichen, sondern den mütterlichen Namen getragen. Die Benennung Matriarchat ist aber eigentlich unrichtig, denn das Familienoberhaupt ist auch hier nicht die Mutter, sondern, ebenso wie im Patriarchat, ein Mann, nämlich der Bruder der Mutter. Überhaupt fällt bei der Matrilinearität, d. h. in den Organi-

1) Izwěstija obščestwa arch. istor. i etnogr. pri Imp. Kazanskom Univers. Kasan 1906. XXII. 209. 210.

sationen nach mütterlichem Recht, den männlichen Mitgliedern und männlichen Verwandten der Familie der Mutter die führende Rolle zu. Darum betrachtet man das Avunculat, welches in der Geschichte der verschiedensten Völker, manchmal sogar in der politischen Geschichte Ungarns, eine wichtige Rolle spielte, aber hauptsächlich bei den Völkern des Kaukasus sich voll entwickelte (bei den Osseten, Ingusen, Tschetschentzen und Pschawen), als eine Erinnerung an das Matriarchat.

In den über diese Fragen in der ganzen Welt geführten wissenschaftlichen Diskussionen kommt immer wieder eine wichtige ungarische Angabe vor, die der Däne STARCKE (*La famille primitive.* Paris 1891. 111—113) bezweifelt. Der Zigeuner-Forscher WLISLOCKI hat die Tatsache bemerkt [1]), daß bei den wandernden Zigeunern in Siebenbürgen die Verwandtschaftsverhältnisse väterlicherseits ganz zurücktreten, denn sobald der Zigeuner heiratet, muß er sich der Sippe seiner Frau anschließen; als Familienname nimmt er den Sippennamen seiner Frau an, und sowohl er als auch seine Nachkommen werden zur Sippe der Frau gerechnet und erben von dieser. Wlislocki beruft sich zugleich darauf, daß nach einem Artikel der Klausenburger Zeitschrift *Erdély* (I. 1892) eine derartige Gewohnheit auch in einzelnen siebenbürgischen, ungarischen und rumänischen Dörfern zu finden ist. Was die Rumänen betrifft, weist MOLDOVÁN [2]) auf den Gebrauch hin, daß bei den Móczen, wenn in irgendeiner Familie die männliche Linie ausgestorben ist, und die Erbschaft der Tochter zufällt, derjenige, der sie heiratet, dann zur Familie des Mädchens zieht und seinen Namen mit dem Familiennamen des Mädchens vertauscht. Als ungarische Angabe konnte vielleicht in der erwähnten Zeitschrift die alte Institution der Székler, das *Sohn-Mädchen,* gelten [3]). MOLDOVÁN und JANCSÓ haben diese Gewohnheit mit der rumänischen identifiziert (Ethn. XI. 65). Dies trifft aber nicht zu, denn bei den Szeklern hat der Gatte den Namen des Sohn-Mädchens nie angenommen. Aus den Urkunden ist es bekannt, daß der Gatte manchmal adoptiert wurde, was ja gewöhnlich ohnehin schon mit der Annahme des Familiennamens des Adoptierenden verbunden war. So im J. 1275 (Hazai Okmt. VIII. 172) läßt der Schwiegervater auf Grund eines königlichen Erlaubnisscheines drei

1) Ethn. V. 371 und H. WLISLOCKI, Die Stamm- und Familienverhältnisse der Siebenbürger Wanderzigeuner. Budapest 1888. Sonderdruck aus Képes folyóirat 1888. H. 8.

2) *Erd. Muzeum* 1894. 412. 413; vergleiche auch J. MUNTEÁN, *Die Präfektion bei den Rumänen* in dem 1. Heft des Jahrganges 1904 der Déli Kárpátok.

3) Hierüber und über die Vergleichung mit der Präfektion und mit der attischen ähnlichen Institution s. B. GROSSCHMID, *Die intestata successio in den Gesetzen Solons* in Akadémiai Értesitő 1917. 536. 537.

Güter seinen drei Schwiegersöhnen als Erbe, »quos in filios recepit adoptivos«, aber nur unter der Bedingung, falls ihm bis an sein Lebensende kein Sohn geboren würde. Im J. 1308 (Anjou. Okmt. I. 143. 144) hat man dem Schwiegersohn »tanquam haeredi seu filio suo naturali« Güter hinterlassen. Im J. 1322 (Fejér: Cod. Dipl. T. VIII. V. II. 373) hat der Schwiegervater den Mann seiner Tochter an Sohnes Statt angenommen und ihm ein Gut übergeben. WENZEL macht darauf aufmerksam [1], daß vor Werbőczy, durch Herausgabe des Tochterviertels an Grundbesitz — was größtenteils seit dem XIV. Jahrhundert (z. B. 1346 Haz. Okmt. I. 192) dann geschah, wenn die Tochter einen Nichtadeligen heiratete — der Schwiegersohn ebenfalls adoptiert wurde, und daher die aus einer solchen Heirat stammenden Kinder ebenfalls adelig wurden. Wenzel irrt aber, wenn er dies Annahme an Brudersstatt nennt, obschon die von ihm angeführte Urkunde v. J. 1462 (M. Tört. Tár. VI. 44. 76) auch nicht hiervon, sondern entschieden von der Annahme an Sohnes Statt (filialis adopcionis) durch den Schwiegervater berichtet. Aber schon nach dem Tripartitum Werbőczys (I 7. § 4. 29. §§ 7 und 8) wurden die einer solchen Heirat entsprossenen Kinder nicht mehr für wirkliche Adelige gehalten. Nach KOWALEWSKY [2] ist die Adoption des Schwiegersohnes auch bei den Russen verbreitet. Die Móczen-Rumänen sagen von einem solchen zur Frau hinziehenden Manne garnicht, daß er heirate, sondern daß er »zum Gatten« gehe. Ein ähnlicher Grund konnte vorhanden sein, daß in der alten ungarischen Sprache, wie in einigen Dialekten auch heute noch, das Wort *férj* (= Gatte) auch den Sinn Gattin hat. Das Einheiraten in die Familie der Frau kommt zweifelsohne auch heutzutage noch oft beim ungarischen Volke vor, man nennt es z. B. in Kalotaszeg *rászállás* oder *odaszállás* (etwa: Hinziehen), den im Haushalt des Schwiegervaters arbeitenden Eidam aber *idegen* (Fremder); daß aber ein solcher Einheiratender den Familiennamen der Frau annimmt, davon wissen wir bislang nichts. Ebenso findet man bei den Slowaken [3] in der *na pristawkĕ* Ehe, wie bei den Ruthenen dies Einheiraten, aber ebenfalls ohne die Übernahme des Namens (Ertesitő X. 231). Übrigens kommt dies z. B. bei den Südslawen, bei den Bulgaren und von den Finno-Ugriern bei den Mordwinen, bei den Permiern vor und ist damit verbunden, daß der Familienname der Mutter angenommen wird, was in der Wissenschaft als »ambil-anak«-Ehe bekannt ist, nach dem Gesetzbuch der auf Sumatra wohnenden malayischen

1) A magyar magánjog rendszere. Budapest 1874. II. 426. 428. 471.

2) Sociologija. St. Petersburg 1610. II. 56.

3) J. MELICH, *Szláv jövevényszavaink.* Budapest 1903. I. 166. Unsere slawischen Lehnwörter.

Redjangs v. J. 1779. MAZZARELLA (*Studi di etnologia giuridica.* Catania 1903. I) hat diese seiner Meinung nach älteste Eheform eingehend studiert und weist sie bei 130 verschiedenen Völkern nach, von der Bibel, der altindischen sogenannten Nyoga-Heirat und der altpersischen Jogansan-Ehe an bis auf unsere Tage.

Nebenbei sei schließlich erwähnt, daß man die berühmte »couvade«, das heißt das Männerkindbett, besser gesagt dessen Simulierung, für eine Erinnerung des Überganges aus der matrilinearen Organisation in das Patriarchat hält. Diese sonderbare Gewohnheit ist bei vielen Völkern verbreitet und ihre Spur auch in Südungarn nachgewiesen (Ethn. IV. 107—116). Im Altertum hat es STRABO (zitiert bei Rědjko in seiner geburtsethnographischen Studie in *Etnogr. Obozrěn.* 1899. Jahrg. XL. XLI. 98) von den Iberern, Thrakern, Kelten, auch von den Skythen aufgezeichnet, daß ihre Frauen männlichen Charakter haben, den Boden bewirtschaften, und daß sie nach der Geburt statt sich selbst ihre Gatten in das Bett legen und diese pflegen, ganz wie jetzt in Südfrankreich, wo man diese Sitte zuerst beobachtete und woher auch ihre Benennung stammt. Es ist aber auch möglich, daß die ganze Gewohnheit einfach Aberglauben ist, der nur die bösen Geister, die das gebärende Weib und ihr Kind verderben könnten, irrezuleiten strebt, indem man nämlich in das Kindbett einen Mann einschmuggelt, an dem ihre Macht scheitern muß.

Die wichtigste aber unter den Fragen der familienrechtlichen Probleme wird sein, ob in dem betreffenden Dorf noch irgendwelche Spur, irgendeine Erinnerung an die Hausgemeinschaftsorganisation oder die uralte Sippenorganisation zu finden ist, wie ich den zweiten Typus zum Unterschiede vom ersten der gemeinsamen Niederlassung nennen will. Das heißt, gibt es 1. außer den gewöhnlichen Familien größere, ausgedehntere, auf einem Grunde, vielleicht unter einem Dache wohnende, in Haus- und Vermögensgemeinschaft lebende Familien? Aus welchen Personen bestehen sie? Rechnet man die Knechte und Tagelöhner hinzu, wie z. B. bei den Permiern? Wer ist Oberhaupt und auf Grund welchen Rechtes? Haben sie auch ein weibliches Oberhaupt? Sind sie durch irgendwelchen Familienrat eingeschränkt, wie z. B. bei den permischen Völkern, bei den Korelen, im Kaukasus bei den Grusen, Pschawen, Tschetschentzen? usw. Bis zu welchem Grade der gemeinsamen Abstammung gehen diese Hausgemeinschaften? Denn z. B. in Indien bleibt die indische sogenannte *joint family* gewöhnlich bis zur dritten Generation beisammen und auch nach WUNDT, a. a. O. 1917. Die Gesellschaft. II. 61, umfassen die Hausgemeinschaften in der ganzen Welt größtenteils drei Generationen. Worin besteht ihre gemeinsame

Betätigung und wie äußert sich diese? Wie geschieht das Ausscheiden, das Gründen eines eigenen Heims, die eigene Niederlassung oder, wie die Palowzen es nennen, *válakozás* (etwa = Scheiden, Ethn. IX. 364—366) und das damit verbundene Aufteilen, mit welcher Zeremonie oder mit welchen Symbolen? B. MUNKÁCSI (*Keleti Szemle* VI. 183; *Nyr* 1909. 469) hat nachgewiesen, daß das ungarische Wort »*házas*« (= verheiratet) eigentlich dasjenige Familienmitglied bedeutet, das, aus dem elterlichen Hause scheidend, sich im eigenen Hause, »aufs eigene Brot« niederläßt, eigene Wirtschaft und Familie gründet, und daß dieses Wort nach dem Vorbild eines vollkommen entsprechenden türkischen Wortes entstanden ist.

Oder 2. gibt es solche, zwar auf verschiedenen Grundstücken lebende Familien, welche dennoch, auf Grund der uralten gemeinsamen Abstammung zu derselben Verwandtschaft, Sippe, zum selben *had* (eigentlich Truppe, Armee) usw. sich bekennen? Worin äußert sich das sie vereinigende Band? Bis zu welchem Grade können diese Verwandtschaften reichen? Diese Sippenverwandtschaft, wie ich sie nenne, stellte sich immer auf den Boden des Heiratsverbotes. Wo nämlich die Blutsverwandtschaft aufhörte, dort begann die Ehe, und bis wohin das Eheverbot reichte, bis dahin reichte auch die Blutsverwandtschaft. Ungarn verbot die Heirat, einschließlich bis zum vierten Glied, sowohl die katholische Kirche wie auch das alte Gewohnheitsrecht (Werbőczy, Tripartitum I. 107). Aber schon GA. XXVI. v. J. 1791 erlaubte die Ehe bei Protestanten bis zum dritten Grad. Die orientalische Kirche betrachtet auch in Ungarn die Blutsverwandtschaft bis zum siebenten Glied als ein die Ehe lösendes Ehehindernis. Papst Gregor der Große und seine Nachfolger, auch das Lateran-Konzil v. J. 1059 verboten die Ehe bis zur siebenten Generation, hingegen die Wormser Synode im J. 868 verbot sie nur bis zum vierten Grade, das Capitulare v. J. 757 und das Mainzer Konzil v. J. 847 verboten die Ehe nur bis zum dritten Grade. Im ungarischen Reiche aber verbot das Konzil zu Spalato (Wenzel: Árp. Új Okmt. VI. 158) die Ehe bis zum fünften Glied. An diesen Abweichungen sind auch die verschiedenen Gradberechnungen (römische, germanische, kanonische) schuld, aber nur, was die Seitenlinie anbetrifft; in den Fragen über die Hauptlinie herrscht vollkommene Übereinstimmung [1]). Der französische Rechtsgelehrte PHILIPPE DE BEAUMANOIR behauptet im XIII. Jh. (DU CANGE, *Glossarium* X. 102), daß die Kirche die Ehe anfänglich nur vom siebenten Verwandtschaftsgrad ab erlaubt hat, deswegen galt auch die Blutsverwandtschaft bis zu diesem Grade, aber seitdem sie sich

1) WETZER und WELTE, *Kirchenlexikon*. Freiburg 1901. XII. 846—859.

im Lateran-Konzil 1215 mit dem vierten Grad zufrieden gab, rechnet man auch die Verwandtschaft nur bis dahin. Bemerkenswert ist auch, daß, während in der orientalischen Kirche das Heiratsverbot immer strenger wurde, man diesbezüglich in der westlichen Kirche immer nachgiebiger wurde. Hier hat die Herabsetzung der Grade auch die außerordentlichen praktischen Schwierigkeiten beseitigt, mit welchen die Vollstreckung des Verbotes bis zum siebenten Grade verbunden war. Das römische *Agnat*-Erbrecht, die indische *sapindas*-Verwandtschaft, im keltischen Recht die irische *sept*-Sippe und die Waliser *cenedl*-Sippe wie die meisten germanischen Rechte beweisen auch alle das Vorhandensein der ursprünglich bis zum siebenten Grade gerechneten Verwandtschaft. Nach der *Lex Bajuwariorum* tit. IV. cap. 9. § 4 hört mit dem siebenten Glied jedwede Verwandtschaft auf. Übrigens pflegt in den patriarchalischen Gesellschaften das Gedenken und die Verehrung bis zum siebenten gemeinsamen Ahnen zurückzugehen, manchmal noch weiter. Hier muß man darauf hinweisen, daß die Mitglieder solcher Gesellschaften auch heute noch auf diesem Gebiete, was Gedächtnisstärke anbelangt, dem Kulturmenschen bedeutend überlegen sind. Dieser kennt größtenteils kaum mehr den Namen seines Großvaters, wenn ihm nicht die Vergangenheit der Familie aus der Literatur oder aus den Urkunden bekannt ist. Bei den Kirgisen und Turkomanen hingegen kann ein jedes Kind alle sieben Ahnen aufzählen, da dies die türkischen Nomaden als ein Haupterfordernis der Bildung betrachten[1]. Einem Reisenden, der im XII. Jahrhundert in Wales[2] war, fiel es auf, daß auch das gemeine Volk der Kelten seinen Stammbaum hat, da ein jeder in Wales den sechsten oder siebenten Ahn sogleich aufzählen kann, bisweilen sogar noch weiter. Auf Grund dieser Analogien kann man sicher annehmen, daß der Verwandtenkreis der alten ungarischen Sippen (generatio) ursprünglich ebenfalls bis auf den siebenten Grad sich erstreckte, welche Zahl sieben man ja im Osten für heilig hielt[3]. Später aber ging die Blutsverwandtschaft auch bei den Ungarn nur bis zum vierten Grade zurück, wie wir dies z. B. aus dem Tripartitum Werbőczys ersehen (I. 14. 107). PETER APOR und Baron NALÁCZI haben aufgezeichnet[4], daß man zu ihrer Zeit die

1) VÁMBÉRY, *A magyarok eredete* (Der Ursprung der Ungarn). Budapest 1882. 148. 175; *A török faj*. Budapest 1885. 273. 345. 354; *Turul* 1908. 111. 112.

2) F. SEEBOHM, The English village community. London 1890. 189, und *The tribal system in Wales*. London 1895. 85. Note.

3) F. ANDRIAN, *Die Siebenzahl im Geistesleben der Völker* in Mitth. d. Anthrop. Gesellschaft in Wien. 1901. XXI. 225—274; WUNDT, a. a O. 1918. IX. Das Recht. 329.

4) L. KŐVÁRI, *A magyar családi s közéleti viseletek és szokások a nemzeti fejedelmek korából* (Die ungarischen Familien- und öffentlichen Trachten und Gewohnheiten zur Zeit der nationalen Fürsten). 120.

Verwandtschaft bis zum fünften Grade genau kannte, und daß sie auch galt.

Die ungarischen ethnographischen Forscher haben auf diesem Gebiete von den Gemeinschaften beider Arten schon viele wertvolle Daten gesammelt. Ihnen verdanken wir unsere Kenntnisse von den Kalotaszegern (J. JANKÓ, *Kalotaszeg*), von den Bánffyhunyadern (Értesitő VIII. 51) in Siebenbürgen; von den Matyós aus Borsod (ebenda XIV. 235); von den Palowzen (Ethn. IX. 305; Értesitő X. 205); von den slawonischen Ungarn (Értesitő XII. 237; Akad. Értesitő 1893. 610) und von den noch im Jahre 1818 bestehenden Hausgemeinschaften der Einwohner des Orség im Komitate Vas (Eisenburg) (Ethn. XXVIII. 104. 105), wo nämlich 3—4—5 Familien, welche zusammen aus 20—50 Mitgliedern bestehen konnten, in demselben Hause oder in mehreren, aber auf demselben Grundstück erbauten Häusern wohnten und einen gemeinsamen Haushalt führten und gemeinsame Wirtschaft betrieben unter der Leitung des gewählten ältesten, aber des noch dazu fähigen Mannes und der Frau, ebenso wie wir dies in der typischen südslawischen *zadruga* sehen.

Anderseits hat man auch die von mir Sippensystem genannte Organisation erkannt, wo nämlich die verwandten Familien zwar mit eigenem Haushalt, aber eng beieinander wohnen. STEFAN GYŐRFFY hat dies bei den Bauten in Großkumanien (Értesitő IX. 1—17), KARL VISKI im Szeklerlande (ebenda XII. 99—127) beobachtet. Eine solche Niederlassung nach dem Sippenvereinigungssystem ist schon an der äußeren Gestaltung des Dorfes zu erkennen. Im Gegensatz zu den regelmäßigen Straßen und abgemessenen Grundstücken der Urbarial-Dörfer (Értesitő X. 223) kennen die Szekler Dörfer kaum eigentliche Straßenreihen, gleiche Grundstücke und zwischen diesen Einfriedigungen, Zäune. Die einzelnen Dorfteile, Straßen, Zeilen tragen gewöhnlich den Namen der Sippe (Pálfiak, Bálintok), je nachdem welche Familien, welche Sippen da wohnen. In der Kúnság (= Kumanien) sind dies die sogenannten *zug* (= Winkel). Dies sind aus 4—20—30 Häusern bestehende Sackgassen, wo ebenfalls die Familien derselben Sippe oder *had* zusammenwohnen, und die *zug* tragen denn auch ihre Namen. Im Komitate Heves (Nyr. 1897. 285) können die *szög* (= Winkel), in Göcsej die *szer* (= Mittel, Gerät, Értesitő XV. 116) ähnlicher Natur sein, denn da wohnen auch die Angehörigen derselben Sippe in einem Dorfteil beisammen. Es ist aber noch nichts Näheres darüber bekannt. In Lozsád (Hunyad) nennt man die denselben Namen tragenden Familien *nemzet* (= Nation, Ethn. V. 246). Dasselbe bedeuten die im ungarischen Dialektikon stehenden Wörter *ágazat, felekezet, nyám* (= aus dem ungarischen [*nem* = nemzetseg] ins Rumänische übernommenes und von da wieder zurückgeholtes Wort). Es ist ein interessantes Zusammentreffen, daß nach dem serbischen Wörterbuch von VUK KARADŽIĆ von 1818 im Bocche di Cattaro das Wort *vojska* = Armee, Heer zugleich auch Hausgesinde bedeutet, wie im Ungarischen *had.* Viel wichtiger für uns ist aber die auffallende Ähnlichkeit, welche zwischen der jetzt geschilderten Sippenniederlassung und -bauart und zwischen der Sippenorganisation der Tscheremissen besteht. Diese haben übrigens mit den Wotjaken zusammen ihre diesbezügliche Organisation am reinsten unter den finnisch-ugrischen Völkern aufrecht erhalten, obzwar sie jetzt schon im Auflösen begriffen ist. KUZNECOW, *Etnogr. Obozrj.* 1900. LXI. 56—109, berichtet, daß der Tscheremisse ebenfalls seinen Stammbaum kennt (tukum); er kann auch seine Vorfahren aufzählen, sogar die vor 3—4 Jahrhunderten lebenden Ahnen (vuj soščo) der Sippe (nasül). Ihre Dörfer bestanden anfänglich nur aus einigen Familien, die sich von einem Sippenvater herleiten. Wenn neue Sippen hinzukamen, so ließen sich diese wieder in eigenen Gruppen nieder. Diese Niederlassung geschah ebenso, wie wir dies bei den Kumanen und Szeklern gesehen haben. In jedem Dorfe (jal) hat eine jede Sippe ihre eigenen, krummen Straßen (urem) und Enden (mutšaš), wie diese nämlich unsystematisch, infolge der Verzweigung der Sippe, entstanden. Eine große Rolle spielen dann auch diese Dorfenden bei der tscheremissischen Feldgemeinschaft; denn jedes Ende bekommt ein Stück Land von bestimmter Größe aus dem Gemeindegebiet, das dann wieder die Sippenmitglieder des Dorfendes, seine Familien, nach der Seelenzahl untereinander verteilen. Bei den ungarischen Sippenansiedelungen jedoch, obwohl diese offenbar die uralten Überreste der Sippenorganisationen bewahren, haben die ethnographischen Forscher leider bisher nicht sehr darauf geachtet, ob außer dem Namen und der Niederlassung in irgend etwas die Zusammengehörigkeit einer solchen Sippe, »had«, auch heute noch sich zu erkennen gibt. Sind sie einander verantwortlich und inwieweit? Gibt es unter ihnen irgendeine Güter- oder Rechtsgemeinschaft, oder sonst eine Spur oder Erinnerung daran? Helfen sie einander aus? Besteht Heiratsverbot unter ihnen? Haben sie gemeinsame Zusammenkünfte, Versammlungen, Sinnbilder? Ist nicht irgendeine Erinnerung an einen gemeinsamen uralten Sippenkult übriggeblieben, wie z. B. der Sippen-(Leichen-)schmaus, der bei den Tscheremissen und Wotjaken so sehr zu Hause war? usw.

III.

Leichenzeremonien und Rechtsgewohnheiten. — Totenkult und Verpflegung. — Totenmahle und Erinnerungsmahle. — Ahnenkult, Hausreligion, Götzenbilder. — Herdkultus, ewiges Feuer, Wanderfeuer, neues Feuer. — Künstliche, imitierte Verwandtschaften. — Adoptionen und ihre Zeremonien. — Seelische Verwandtschaften, Taufpaten, Pflegevaterverwandtschaft. — Annahme als Bruder und als Schwester. — Milchbruderschaft, Blutsbruderschaft. — Bluteid.

Im allgemeinen ist in den Leichenzeremonien, ihren Rechtsgewohnheiten und in dem Totenkult[1]) am meisten von dem alten Glauben übrig geblieben, der dann meistens die Grundlage bildete für die uralte Rechtsauffassung, Gewohnheiten und Institutionen. Sämtliche auf die Toten bezüglichen Gebräuche, Zeremonien, Symbole, aller Aberglaube, alle Sprichwörter, Geräte usw. um so vollständiger zu sammeln, gehört vielleicht unter die dringendsten ethnographischen Aufgaben Ungarns. Was nun den Ursprung der Totengebräuche, bzw. ihren Vergleich mit denen anderer Völker angeht, so stehen wir sozusagen auch jetzt noch hierin im Anfang, den ARNOLD IPOLYI auf Grund ungarischen und sonstigen Materials mit großem Fleiß in der »Magyar Mythologia« (548—570) über die Leichenbegängnisse zusammengetragen und im Geist seiner Zeit (1854) und ihrem Niveau zu bestimmen versucht hat. Seither können wir nur auf die Zusammenstellung von MUNKÁCSI, *Ethn.* VII. 297—323 verweisen unter dem Titel »Die östlichen Versionen des alten ungarischen Reiterbegräbnisses«. Und doch nirgends bieten sich vielleicht so interessante Vergleiche wie gerade auf diesem Gebiete. Z. B. von den Begräbnisgeräten, von einem alten ungarischen, auf Schlitten vor sich gehenden Begräbnis, das Ipolyi (565) nach dem ungarischen Simplicissimus aus

1) Mit Bezug auf die besonderen Leichenzeremonien möchte ich aus der riesigen Literatur außer den im Text zitierten noch folgende Werke hier anführen: O. SCHWEBEL, *Der Tod in deutscher Sage und Dichtung.* Berlin 1876. W. SONNTAG, *Die Totenbestattung, Totenkultus alter und neuer Zeit und die Begräbnisfrage.* Halle 1878. P. ALBRECHT, *Vorbereitung auf den Tod, Totengebräuche und Totenbestattung in der altfranzösischen Dichtung.* Halle 1892. BAUWENS, *Inhumation et crémation.* Traduit du flamande par A. de Mets. Bruxelles 1892. 2e édit. I. *Les rites funéraires depuis l'antiquité jusqu'à nos jours.* P. SARTORI, *Sitte und Brauch.* Leipzig 1910. 1911. I. II. H. WIEDEMANN, *Die Toten und ihre Reiche im Glauben der alten Ägypter.* Berlin 1910. E. SAMTER, *Geburt, Hochzeit und Tod.* Leipzig 1911.

dem Jahre 1683 zitiert[1]), wissen wir, daß es schon im alten Ägypten und Lykien bestand, und daß man in Rußland heutzutage auch im Sommer es anwendet, daß es sogar wahrscheinlich von den finnisch-ugrischen Völkern hierhin gelangt ist. Interessant wäre es, die auf die verschiedenen Äußerungen der Totentrauer bezüglichen ungarischen ethnographischen und historischen Daten zu sammeln, und sie mit den analogen anderer Völker zu vergleichen: die wogul-ostjakische Haartracht bei der Trauer (Ethn. VII. 320); die auch bei den Ungarn vorkommende weiße Trauer chinesischen Ursprungs; die Selbstpeinigung der Trauernden z. B. bei den Hunnen und Skythen; oder wenn die trauernde kirgisische Witwe und das Mädchen ihr Gesicht blutig kratzen; all dies hing früher mit der über die ganze Erde verbreiteten Totenwache und -klage zusammen, was in Athen Solon, im Mittelalter die Kirche auf dem Konzil zu Toledo im Jahre 589 geregelt hat; das Mieten von berufsmäßigen Weinenden, wozu die sonderbare alte englische Sitte[2]) gehört, nach der man sich Arme mietet, die die Sünden des Gestorbenen für Geld auf sich nehmen, und die man dann deswegen Sündenesser (sin-eaters) genannt hat usw. Bei dem Leichenzug ist vielleicht am wichtigsten das auch noch in Ungarn nach Ipolyi (551) übriggebliebene Herumtragen des Toten im Dorfe und das Verabschieden von den Verwandten, was einst zweifellos mit dem Totenmahl verbunden war, d. h. mit der Bewirtung des Toten und des leidtragenden Leichenzuges von seiten der einzelnen Verwandten des Toten. Diese Sitte hat schon HERODOT von den Skythen, MARCO POLO, *Ethn.* VII. 299. 300. 310 von den tibetanischen Tanguten aufgezeichnet.

Bei dem eigentlichen Begräbnis selbst war bekanntlich seit Anbeginn das Hauptbestreben die möglichst vollständige Verpflegung des Toten, damit er im Jenseits alles habe, so wie im Leben. Daher kam es, daß zu Anfang die Gräber selbst z. B. in Mykene, auf der Insel Kreta, in den russischen Kurganen (Grabhügeln), bei den alten Tataren (*Ethn.* VII. 303. 307. 308) richtige Zimmer, umfangreiche Wohnungen darstellten und in allem wie Wohnungen eingerichtet waren. Mit dem Toten beerdigte man außer Möbeln Speise, Getränke, seine Kleidung, Waffen, Schmucksachen, sein Geld usw., ferner die für seinen Dienst bestimmten Tiere (Pferde, Hunde, Falken usw.) und die Menschen (die Witwe, die Nebenfrauen, die Kriegsgefangenen und Sklaven) lebendig oder getötet, und all das in um so größerer Zahl und Mannigfaltigkeit, je vornehmer der Betreffende im Leben gewesen war,

1) SCHRADER, *Reallexikon der indogermanischen Altertumskunde.* Straßburg 1917. 129.

2) J. BRAND, *Popular antiquities of England, Scotland and Ireland.* London 1870. II. 198.

damit er in der anderen Welt standesgemäß leben könnte. Dort jedoch, wo die Totenverbrennung[1]) Sitte war, kam für das jenseitige Leben des Toten eine vollständige Ausrüstung, Verpflegung mit ihm zusammen ebenfalls ins Feuer des Scheiterhaufens. Von dieser über die ganze Erde verbreiteten Bestattungssitte sind mehrere Motive auch bis jetzt noch übrig geblieben, wie z. B. bei den türkisch-tatarischen Völkern die Bestattung mit dem Pferd, die sonst anderwärts nur selten vorkommt; bei den nördlichen Finnugriern (*Ethn.* VII. 320) ersetzt das Renntier das Pferd. In der christlichen Welt pflegt das Volk an sehr vielen Orten, wie auch bei den Ungarn, verschiedene Gegenstände mit dem Toten zu beerdigen. Dies geschah besonders deswegen, weil solche bewegliche Habe, gemäß dem uralten Rechtsprinzip »mobilia ossibus inhaerent«, im Anfang das alleinige persönliche Eigentum des Verstorbenen bildete, welches zu erben die Nachkommen in ihrer Furcht vor der Seele des Toten nicht wünschten und deswegen dasselbe entweder mitbeerdigten oder vernichteten. Die Vernichtung der beweglichen Habe war besonders deswegen ratsam, damit teils der Gebrauch der Gegenstände des Toten durch andere ihn in seinem Grabe nicht beunruhige, teils aber, damit nicht die heimkehrende Seele z. B. mit ihren hinterlassenen Waffen den Lebenden schaden könne. Im Laufe der Entwicklung tauschte man all diese bewegliche Habe des Verstorbenen nach und nach einfach um gegen Symbole, die ursprünglichen hingegen wurden dem Nachlaß zugefügt und zu ordnungsmäßigen Erbstücken gemacht. Am interessantesten sind die richterlichen Formen dieser Umgestaltung mit besonderem rechtlichen Inhalt, woraus das Bestreben der Kirche zu entnehmen ist, wie sie es in Ungarn auch erstrebte, die uralten heidnischen Bestattungssitten nach der christlichen Auffassung zu gestalten und sie nützlicher zu machen. An Stelle der so früher bei der Bestattung getöteten Sklaven führte man zum Heile der Seele des Verstorbenen die schon im Gesetz (I. 18) des heiligen Stephan erwähnte Freilassung des Sklaven ein, jedoch unter der Verpflichtung, daß dieser in jedem Jahr sich seines verstorbenen Befreiers erinnern sollte bei irgendeiner Kirche, wo er für ihn eine Messe lesen lassen sollte, das Andenken durch einen Totenschmaus feiern, oder statt dessen eine zu diesem Zweck bestimmte Menge Lebensmittel als jährlichen Tribut der betreffenden Kirche abliefern und eventuell noch andere bestimmte Dienste leisten sollte. Zur Zeit der Arpaden nannte man diese Freigelassenen nach ihrer Hauptpflicht, dem jährlichen Totenschmaus (tor) *torlók*

---

1) Das Verhältniss zwischen Totenverbrennung und Grablegung war z. B. bei den Kalmücken, daß man die Armen begraben, die Reichen zu verbrennen pflegte. SAMOKWASOW, Zbornik obyčnago prawa sibirskich inorodzew. Warschau 1876. 2.

(Schmauser, exequiales, exequiatores), oder nach ihrem slawischen Namen duša (= Seele) dušnok [1]. Die Einrichtung der dušnok kennen unter den Slawen nur die Tschechen [2]. Bei den Serben kommt das Wort nur in Ortsnamen vor, aber schon in Byzanz konnte es ebenfalls bestanden haben, weil das neugriechische Wort *psycharion* in bezug auf Bildung und Inhalt dem tschechischen »dušnik« (animator, proanimatus) entspricht. Im Westen, im fränkischen Reich, können wir kaum etwas Ähnliches finden, außer in denjenigen Freigelassenen, die der Kirche Wachs als Steuer zahlten (cerarii, cereocensuales).

Bei der uralten ungarischen Reiterbestattung machten auch die Begriffe unter dem Einfluß der Kirche dieselbe Wandlung durch. Nach KARÁCSONYI (*Ethn.* VII. 114. 115 und XIII. 237) machten es die ungarischen Geistlichen zur Gewohnheit, daß man das mit dem Toten zu beerdigende Pferd nicht abstach, sondern es vielmehr der Kirche zum Geschenk gab, wo man den Verstorbenen zur letzten Ruhe bestattete. Ebenso war das Schicksal des sogenannten Totenteils im germanischen Recht, den, gleichwie man zuvor das persönliche Eigentum des Toten diesem ins Grab mitgab [3], später die Kirche unter dem Titel »Seelgerät« oder »Seelschatz« für sich selbst forderte. Hierfür sind überraschend lehrreich auch die asiatischen Analogien (*Ethn.* VII. 314. 319), wenn z. B. bei den Burjäten die Geistlichen, die buddhistischen Lamas, die Bestattung mit dem Pferde verboten und das hierfür bestimmte Pferd dem Lamakloster schenken mußten, oder wenn bei den mohammedanischen chinesischen Tataren das bei der Bestattung benutzte Pferd ebenfalls dem Geistlichen, dem Mollah, zuteil wird.

IPOLYI verweist (566. I. Anm. 1) auf eine alte interessante ungarische Sitte, die sich wahrscheinlich unter dem Einfluß des Christentums verändert hat, daß nämlich bei den vornehmeren Begräbnissen, z. B. der Siebenbürger Fürsten, die Magnaten mit Goldgeld reich verzierte brennende Fackeln trugen, und daß dann die aus ihnen beim Schmelzen herausfallenden Goldstücke die Armen aufheben durften. So gebrauchte man im Jahre 1476 bei dem Begräbnis des Siebenbürger Wojwoden Johann Pongrácz von Dengeleg [4] 34 solche

---

1) BÉKEFI, *A rabszolgaság Magyarországon az Árpádok alatt.* Die Sklaverei in Ungarn unter den Arpaden. Budapest 1901. 7. 12—17.

2) J. LIPPERT, *Sozialgeschichte Böhmens in vorhussitischer Zeit.* Prag 1898. II. 14. 92. JIREČEK, *Prove.* Prag 1904. 2. 61. 62. BRANDL, *Glossarium illustrans Bohemico-Moravicae historiae fontes.* Brünn 1876. 43.

3) RIETSCHEL, *Der Totenteil in germanischen Rechten* in der SavSt. Germanische Abt. XXXII. 1911. 297 usw. SCHREUER, *Das Recht der Toten. Eine germanistische Untersuchung* in der ZfvglR. XXXIII und XXXIV. 1916.

4) ALBERT BERZEVICZY, *Beatrix Királyné.* Die Königin B. Budapest 1908. 187. Anm. 2.

Fackeln, in die zusammen 1000 Stücke Gold hineingetan waren. Nach GABRIEL KAZINCZY aber war es einstens im Szeklerland allgemeine Beerdigungssitte, in die Totenkerzen mehr oder weniger Silbergeld, je nach den Umständen des Verstorbenen, hineinzutun. Mit Recht wirft Ipolyi die Frage auf, ob diese Sitte nicht die heidnische Gewohnheit, die Beerdigung oder Verbrennung der Schätze mit dem Toten, der christlichen Auffassung angepaßt, symbolisierte. Bei den chinesischen Tataren (*Ethn.* VII. 319) war es ebenfalls Mode, während des Leichenzuges Geld auszustreuen, ja sogar Fleischstücke, welch letztere Sitte MARCO POLO a. a. O. 310 von den tibetanischen Tanguten aufgezeichnet hat.

Schließlich gehört vielleicht hierher noch die einst im Szeklerland häufig vorkommende Beerdigung mit dem Wurfspieß, *kópjás* oder *kópjafás temetés* [1]), wobei man einen Wurfspieß auf den Grabhügel steckte, anstatt daß man diesen als Waffe, wie dies bei den uralten Beerdigungen geschah, zusammen mit den übrigen Waffen beerdigt hätte. Übrigens spielte ursprünglich, wahrscheinlich auch bei den Ungarn, dieser Wurfspieß auch eine andere Rolle, was die Schriftsteller des XIII. und XIV. Jahrhunderts bei den Tataren beobachteten (*Ethn.* VII. 302. 305. 307), daß man, wenn jemand erkrankt oder gestorben war, zum Zeichen dafür, und daß kein Fremder dort eintrete, vor dem Zelt in die Erde oder auf das Zelt selbst einen Wurfspieß steckte, und ihn dann bei der Beerdigung mit diesem bestattete. Wenn bei den Kirgisen [2]) jemand stirbt, ist es Sitte, neben dem Toten im Zelte solch einen langen Wurfspieß aufzustellen, der auch außerhalb des Zeltes zu sehen war, und worauf man dann im Zelte die Kleider, Waffen, das Pferdegeschirr des Verstorbenen hängte; an der aus dem Zelt hervorragenden Spitze aber befestigte man verschiedenfarbige Wimpel, rote oder schwarze oder auch weiße, je nachdem ob der Tote in jungen, mittleren Jahren oder im Alter gestorben war. Dort verblieb dann der Wurfspieß ein Jahr lang bis zu dem Erinnerungsmahl und wurde dann entzweigebrochen auf den Grabhügel gesteckt. Von den Wurfspießbestattungen der Szekler wissen wir auch, daß der Wurfspieß ebenfalls mit einem kleinen Wimpel versehen war, den man von Zeit zu Zeit erneuerte, und der auch von verschiedener Farbe war und das Lebensalter anzeigte, nur stimmten sie nicht gerade in bezug auf die Farben überein, denn hier bedeutete die schwarze Farbe einen Alten und die weiße einen Jüngling. Es ist der Aufmerksamkeit der Forscher der Szekler Wurfspießbestattung außer all diesem auch das entgangen, daß man

1) Baron B. ORBÁN, *A Székelyföld leirása.* Beschreibung des Szeklerlandes. Pest 1868—71. I. 133. 140. 142. IV. 195; *Értesitő* XI. 221—224; *Ethn.* XXII. 124. 125.

2) VÁMBÉRY, *A török faj.* 303. 304; *Ethn.* VII. 315—318.

diesen beim Begräbnis verwandten Wurfspieß schwerlich im unversehrten Zustande aufs Grab stecken konnte. Denn die zuvor erwähnte Sitte von der Vernichtung der Mobilien des Toten offenbart sich beispielsweise bei den türkischen Beltiren (*Ethn.* VII. 313) darin, daß sie schlechterdings alle bei dem Begräbnis benutzten Geräte zerbrechen. Diesem mag die alte ungarische Begräbnissitte ähnlich gewesen sein, wenigstens mit Bezug auf den bewimpelten Wurfspieß. So wird schon über die zitierte Bestattung aus dem Jahre 1476 geschrieben, daß man die auf den Spieß gesteckte Trauerfahne vor dem Altar entzweischnitt und sie auf die Bahre deckte. In Siebenbürgen [1]) zerriß man die schwarze Fahne und zerbrach das Schwert und legte sie auf den Sarg, bei dem Begräbnis eines Fürsten aber brach der eine der beiden an der Spitze des Leichenzuges auf Trauerpferden reitenden Magnaten, der den Schild und den mit schwarzem Wimpel versehenen Wurfspieß trug, diesen, bei der Kirche angekommen, an der Kirchenmauer entzwei.

Die am meisten verbreitete Bestattungssitte ist fast bei allen Völkern der Totenschmaus, der sich von der ältesten Zeit bis auf den heutigen Tag erhalten hat, obgleich das Gegenteil davon, das Fasten, auch vorkommt bei den alten Juden (I. Samuelis XXXI. 13), bei den Hindus, Iraniern und Griechen. Für uns ist hier vielleicht der denkwürdigste Totenschmaus der, den man am Grabe des Hunnenkönigs Attila abhielt und den JORDANES Kap. 49 beschreibt. Das Mahl selber bezeichnet er mit dem Worte *strava*, das man meistens für ein slawisches Wort hielt [2]), von dem aber heute schon selbst die Slawisten glauben (Archaeol. Értes. 1912. XXXII. 288), daß es awarischen Ursprungs sei. Dieser am Grabhügel selbst abgehaltene Totenschmaus hatte ganz klar und deutlich den unmittelbaren Zweck, den dort bestatteten Toten zu bewirten. CICERO erklärte diese am Grabe dargebrachten Totenopfer als Rechte der Toten, *Manium iura* [3]). Noch heutzutage schüttet man, wenn man in Rußland am Grabe einen Totenschmaus feiert, ein wenig Branntwein auf den Boden und wirft den ersten Bissen von jeder Speise dazu. Bei den Bulgaren gräbt der teilnehmende Priester selbst ein Loch ins Grab, um dadurch ein wenig Wasser uud Speise hineinzulassen. Bei den Slawen [4]) ist diese Sitte am meisten verbreitet. Auch in Ungarn ist ein Schmaus auf dem Grabe Mode, besonders bei

1) L. KŐVÁRI, *A magyar családi s közéleti viseletek és szokások. 109. 111.* Trachten und Gebräuche der ungarischen Familie und Öffentlichkeit.

2) G. KREK, *Einleitung in die slawische Literaturgeschichte.* Graz 1887. 435—439 in einer ausführlichen Anmerkung.

3) Vgl. auch J. GUTHERIUS, *De jure Manium seu de ritu, more et legibus prisci funeris.* Lipsiae 1671 mit interessanten Abbildungen.

4) M. MURKO, *Das Grab als Tisch* in »Wörter und Sachen«. 1910. II. Jahrg. 79—154.

Beerdigung von Frauen in der Diözese des griechisch-orthodoxen Patriarchen von Karlowitz. CSAPLOVICS, *Gemälde von Ungern*. II. 307, bemerkt noch von den Deutschen des Komitates Turócz, daß, wenn Vater oder Mutter stirbt, die Erben ein Brot auf dem Grabe zerschneiden und unter die Totengräber und Bettler verteilen.

Der Grabschmaus [1]) war schon im Altertum, z. B. bei Homer, in Rom, bei den Thrakern, Skythen, beim Begräbnis Attilas, mit verschiedenen Belustigungen, Ringkämpfen, Gladiatorenspielen, Pferderennen, Tänzen usw. verbunden. (Vgl. *Ethn*. XXVIII. 73. Anm. 1.) Die mittelasiatischen Türken [2]) veranstalten anläßlich des Totenschmauses ebenfalls Pferderennen, Wettläufe, Zweikämpfe und allerhand Spiele. Baron B. ORBÁN erwähnt in seinem Buch über das Szeklerland (a. a. O. I. 142) auch das einst in Siklód bei Beerdigungen Mode gewesene Schießen und die Schwertspiele. Das ist die Erklärung und der Ursprung dieser scherzhaften, maskierten Spiele, die H. SZTRIPSZKY (*Erdélyi Múzeum*. 1909. XXVI. 180—188) in den Totenhäusern von Máramoros entdeckt hat, deren Ebenbild er besonders in den Belustigungen beim Totenschmaus in Weißrußland hätte finden können. Daher ist es kein Wunder, daß die Kirche sich schon frühzeitig gegen diese Grabschmausereien, Tänze und sonstigen Ausschweifungen, als gegen heidnische Gebräuche, wendet, besonders der heilige Augustin, dann das Konzil von Toledo aus dem Jahre 589, dessen darauf bezügliches Verbot Karl der Große in das eine Capitulare aufnahm. Bei den Ungarn (*Ethn*. XVII. 167—172) verbot die Synode von Ofen im Jahre 1279 (§ 43) die Tänze auf dem Friedhof und in der Kirche, und auch im XVII. Jahrhundert verdammte Peter Alvinczi »die teuflische Erfindung der jährlichen Totenschmausveranstaltungen«. Der Autor des aus den 80er Jahren desselben Jahrhunderts stammenden ungarischen Simplicissimus (IPOLYI, a. a. O. 561) hat in ungarischen Städten bei Beerdigungen drei besondere Tänze gesehen, die man Totentanz nennt. Die also aus den älteren Literaturen, aus dramatischen Vorstellungen und anderen Künsten bekannten Totentänze (danse macabre [3]) kamen auch in Ungarn vor. Ihren Ursprung suchte LANGLOIS [4]) in den Totenschmaustänzen auf den Friedhöfen.

WUNDT (a. a. O. 1918. IX. *Das Recht* 375) hingegen sucht den ältesten Grundgedanken all dieser Totenbräuche in der Furcht vor

---

1) SCHRADER, *Reallexikon*. 35. 134.

2) VÁMBÉRY, *A török faj*. 308. 309. 318.

3) WETZER und WELTE, *Kirchenlexikon*. Freiburg 1899. XI. 1834—41; O. ELEK, *Das Motiv des Todes und der Totentanz*, neun Veröffentlichungen im *Athenäum*. Budapest 1907—09.

4) *Essai sur les danses des morts*. Rouen 1851. I. 1—81.

dem dämonischen Einfluß der Seele des Verstorbenen. Die Motive der Furcht verwandeln sich später mit der Zeit in Beweggründe der Versöhnung, dann der Trauer, bis sie sich schließlich auflösten in religiöse Ehrenbezeigung gegenüber den Toten. Den Gedanken der Furcht und Versöhnung bei den Totenschmausgebräuchen drückte das ungarische Wort »tor« auf einmal aus, denn die daraus gebildeten Worte »torolni« und »megtorolni« bedeuten ursprünglich Vergeltung, Rache für den betr. Verstorbenen. Aber unter dieser Rache dürfen wir noch nicht im allgemeinen das Schlachten von Menschen bei der Beerdigung und das Mitbeerdigen mit dem Toten verstehen, wie es Ipolyi (a. a. O. 556. 557. 559) tut, denn das Motiv derselben stammt, wie wir sahen, aus einem ganz anderen Begriffskreis. Viel richtiger und präziser hat KARL SZABÓ [1]) es erklärt, wonach das alte ungarische »tor« anfänglich in der Rache, Vergeltung für den Tod des in der Schlacht Gefallenen oder Ermordeten bestand, dadurch, daß man entweder die in der Schlacht dem Feinde abgenommenen Gefangenen oder nur den Mörder selbst am Grabe des Verstorbenen tötete. Diesen Sinn des »tor« drückt das über Attila gesprochene Trauerlied bei Jordanes aus, welcher, darauf verweisend, daß der große König eines natürlichen Todes gestorben sei, fragt: »Wer hätte diesen Fall denn Tod nennen können, den keiner für einen zu rächenden hielt? (Quis ergo hunc dicat exitum, quem nullus aestimat vindicandum?) d. h. wo die Vergeltung, Rache für den natürlichen Tod nicht am Platze war. Der Chronist KÉZAI (II. 22) kannte auch noch gut den uralten ursprünglichen Sinn des »tor«, denn als Botond nach der Niederlage bei Augsburg ein deutsches Heer geschlagen und 8000 (?) Gefangene hatte hinrichten lassen, sagte er, daß Botond dies als »tor«, Vergeltung, für die gefallenen Kameraden tat (pro exequiis sociorum). IPOLYI (a. a. O. 554. Anmerk. 2) fügt noch diese interessante Parallele hinzu, daß, wenn die Donkosaken einen Totenschmaus hielten, sie über die Nogajer Tataren herzufallen pflegten, um den Todesfall mit Blut zu ahnden. Der uralte Grundgedanke war also in all dem die Furcht der Lebenden vor der Rache der Seele des eines gewaltsamen Todes Gestorbenen, denn so lange ließ diese ihnen keine Ruhe, bis man sie nicht gebührend gerächt und ihren gewaltsamen Tod durch einen ähnlichen geahndet hatte.

Der Schauplatz dieses Vergeltungs-»tors« war natürlich in erster Linie das Grab des Verstorbenen. Aber nicht weniger wichtig waren auch diejenigen, welche zu bestimmter Zeit zur Erinnerung der Dahingeschiedenen zu Hause abgehalten wurden, die wir deshalb am zweckmäßigsten Totenerinnerungsmahle nennen können.

---

1) *Új Magyar Múzeum* 1858. I. 505 und *Kisebb történeti munkái* = Kleinere geschichtliche Werke. Budapest 1873. I. 336.

Diese waren schon im Altertum (SCHRADER a. a. O. 24) bei mehreren Völkern im voraus festgesetzt, d. h. am wievielten Tage nach der Beerdigung die Mahle abzuhalten seien. Verwunderlich ist, daß die Tage bei den verschiedensten Völkern im großen und ganzen übereinstimmen. So war z. B. bei den alten Griechen der 3., 9. und 30. Tag bestimmt; bei den Römern der 9.; bei den Hindus der 3., 5., 7., 9.; im Mittelalter (DU CANGE VIII. 179. 180) in England, Frankreich und bei den Deutschen der 3., 7. oder 9., 30. Tag und ein Jahr danach; bei den Weißrussen der 3., 6., 9., 20. und 40. Tag; bei den Griechen, Slawen und Rumänen[1]) der 3., 9. und 40.; bei den türkischen Beltiren (*Ethn.* VII. 313) der 3., 7., 20., 40. Tag, ferner 1/2 und 1 Jahr danach; bei den Tscheremissen und Tschuwaschen (KUZNECOWS zit. Artikel über die Tscheremissen in der Etnogr. Obozrěnie 1904. LXI. 56—109) der 1. und 40. Tag. Nach JUL. MÉSZÁROS, *A csuvas ösvallás emlékei* (= Denkmäler der tschuwaschischen Urreligion. Budapest 1909. 223—239) bei den Tschuwaschen der 3. (der 7. und 20. bei den Christen) und der 40.; und schließlich bei den Finnen und Esthen der 30. Tag. In Ungarn feierten die schmausenden Dusnok das Mahl zur Jahreswende, allein im Jahre 1152 (Gesch. des Benediktinerordens von Pannonhalma. I. 601) setzte Frau Margarete außer den gewöhnlichen jährlichen Schmausern noch solche ein, die für ihr Seelenheil jeden 40. Tag Messen lesen lassen sollten. Nach den Regeln (Fejér Cod. Dipl. X./1. 310) der Gesellschaft der Geistlichen der Diözese von Eger aus dem Jahre 1386 wurde für die verstorbenen Mitglieder am 7. und 30. Tag und bei Jahreswende eine Messe gelesen. Wir sahen fernerhin aus der Verdammung von seiten des Peter Alvinczi, daß im XVII. Jahrhundert die jährlichen Mahle noch sehr in Mode waren. Was den Ursprung dieser Erinnerungsschmaustage betrifft, so konnte er, da es sich um verschiedene Völker handelte, verschieden sein. Bei den Christen ist der 3. Tag die Erinnerung an die Auferstehung Christi, der 7. Tag vielleicht daran, daß die Juden 7 Tage lang trauerten, der 30. Tag weist vielleicht darauf hin, daß die Trauer für Moses 30 Tage währte. Von den finnisch-ugrischen Völkern hinwiederum wissen wir, daß nach KUZNECOW, ferner nach CHARUZIN (*Etnografija.* St. Petersburg 1905. IV. 267) die Tage der nach der Beerdigung

---

1) Aus dem Mittelalter ist bekannt von dem byzantinischen Schriftsteller SPLENIOS oder LYDOS die Abhandlung über die Bedeutung des 3., 9. und 40. Tages und über die an ihnen abgehaltenen Totenerinnerungsmahle. Siehe noch PETRA-KAKOS, *Die Toten im Recht, nach der Lehre und den Normen des orthodoxen morgenländischen Kirchenrechts und der Gesetzgebung Griechenlands.* Leipzig 1905. KALUŽNIACKI, *Über den Ursprung des 3., 9. und 40. im Totenkultus der heutigen Griechen, Slawen und Rumänen* in *Tätigkeitsbericht der Philologischen Gesellschaft an der Universität Czernowitz.* 1908. November.

abgehaltenen Erinnerungsmahle mit der uralten religiösen Auffassung der Völker und besonders mit der Reise der Seele in die andere Welt und den verschiedenen Stationen derselben zusammenhängen. Aber außer den familiären Totenerinnerungsmahlen fehlten schon im Altertum nicht die allgemeinen Totenfeste, so bei den Römern, Griechen, Hindus, Germanen und weiter bei den Slawen. TYLOR[1]) bringt den Besuch der Gräber am Allerseelentage in der katholischen Kirche, bei dem schon die ehemaligen Speisegaben in Blumengaben verwandelt waren, mit den uralten Totenmahlen zusammen. Das Fest des Allerseelentages führte zu allererst im Jahre 998 der heilige Odilo in Clugny ein (PLAINE, *La fête des morts du 2. novembre, date et circonstances de son institution à Cluny et de son extension à l'Église universelle* in der Revue du clergé français 1896. VIII. 432—446; A. MIHÁLYFI, *A nyilvános istentisztelet.* Der öffentliche Gottesdienst. Budapest 1916. 161), von wo ihn zuerst die übrigen Benediktinerklöster übernahmen, und dann allmählich die anderen Kirchen, bis er schließlich am Ende des XIV. Jahrhunderts allgemein geworden war.

Das Abhalten von Totenerinnerungsmahlen war überall Pflicht und Recht der Erben und Verwandten; der unmittelbare Zweck war aber eine von Zeit zu Zeit stattfindende Bewirtung und Verehrung der ins Jenseits gewanderten Seele, damit die Nachkommen sie besänftigten und ihr Wohlwollen für ihren Teil sicherstellten; denn wenn sie ihnen zürnte, dann erreichten sie nicht allein ihren wirkungsvollen Schutz nicht, sondern mußten auch ihren fortgesetzten Unwillen, mußten Schaden und Not von ihnen[2]) leiden. Auf diesen Mahlen pflegte man den Verstorbenen und die übrigen Vorfahren hier und da, z. B. in Indien, bei den Weißrussen, Tscheremissen usw. regelrecht einzuladen, und am Schluß des Mahles zu verabschieden oder sie auf den Kirchhof zurückzubegleiten. Wenn man sie auch nicht besonders gerufen hatte, so wußte doch jedermann, daß bei dem Totenschmaus die Seelen der Verstorbenen in unsichtbarer Gestalt ohnehin zugegen waren. So z. B. deckten die Szekler von Csík (*Ethn.* VI. 51. 224) und auch im Alföld (*Athenaeum* 1902. XI. 504) beim Totenmahl für den Toten besonders einen Tisch; bei den Weißrussen aber verschütteten die Schmausenden einen Teil von Speise und Trank neben sich, nach der uralten, über die ganze Erde verbreiteten Sitte, was schon Aristoteles ausgesprochen hat, daß man das, was vom Tische herabfällt, nicht

1) *Primitive Culture.* London 1871. II. 34.

2) Von den sogenannten »iz«, denn wie PAASONEN (*NyK.* 1909—10. XXXIX. 340) nachwies, bedeutete das ungarische Wort iz (= fene wild, Teufel) ursprünglich den schädlichen, umgehenden Geist eines toten Menschen.

aufheben darf, weil nach Aristophanes dieses Eigentum der Heroen, der Vorfahren ist. Außer den Familientotenmahlen gab es z. B. bei den Tscheremissen und den Wotjaken Sippentotenmahle, welche die zu der betreffenden Sippe gehörigen Familien gemeinschaftlich auch heute noch zur Ehre der verstorbenen gemeinsamen Sippenahnen [1]) abhalten. Interessant ist auch, daß die Rechtsgewohnheit die Speisen all dieser verschiedenen Gedächtnismahle im voraus festgestellt hat, unter denen der Honig die verbreitetste war bei den griechischen, römischen, indischen und slawischen Mahlen. Sein Nachfolger jetzt ist der in Europa allgemein verbreitete Allerseelentagskuchen, der z. B. schon im 18. Jahrhundert in Pest eingebürgert wurde [2]) als »heilige Stritzl«, das in Felsőlövő auch heute noch Mode ist. All diese Totenmahle waren dann bei jedem Volk, seit dem Altertum, den gesetzgebenden und behördlichen Regelungen unterworfen, besonders wegen der Verhinderung von Verschwendung und Verstößen gegen die Pietät. In Ungarn traf ein Befehl des Stadthaltereirats vom 2. Mai 1747 über die Art der Trauer für verstorbene Familienmitglieder und ihre Zeit Anordnungen, wie auch über die Reihenfolge des Beerdigungsritus. In Siebenbürgen hat ein Befehl des Guberniums aus dem Jahre 1805. Nr. 4144 den bei den rumänischen Begräbnissen gebräuchlichen Aberglauben verboten, und unter Nr. 10080 aus dem Jahre 1800 die Totenmahle geregelt usw.

Der alte Glaube betrachtete die Toten als heilige Wesen, als Götter; infolgedessen wurden die bei den Totenerinnerungsmahlen gefeierten Ahnen überall zu Helden (ob es etwa nur zufällig ist, daß das ungarische ős = Ahne und hős = Held den gleichen Klang haben?), Halbgöttern, Hausgöttern (lares privati). Die Trauer, Ehrenbezeugung und Versöhnung bildete sich auf diese Weise allmählich zum religiösen Kultus, zur Hausreligion aus. Ihre Gottesverehrung war so innerlich, unmittelbar und in bezug auf das Lebensinteresse der betreffenden Familien, Hausgemeinschaften oder Sippen so wichtig, daß auch da noch, wo schon eine gemeinsame Religion sich entwickelt hatte, diese sich gegenüber der Hausreligion oft in den Hintergrund zurückziehen mußte. Nach MAINE SUMNER [3]) waren den Indern

1) Die Zusammengehörigkeit der lebenden Nachkommen nach Familien und Sippen stellen die nebeneinander liegenden Gräber der verstorbenen Ahnen auf den Kirchhöfen und in den Familiengrüften dar. Vgl. SCHREUER, *Das Recht der Toten* in der ZfvglR. 1916. XXXIV. 13. 14. Nach Baron B. ORBÁN (a. a. O. I. 133) hatte in dem Szekler Sófalva fast eine jede Familie ihre eigene Beerdigungsstätte.

2) MGazdtörtSz. XII. 257 und KOERNER, *Sitten und Bräuche am Allerheiligen- und Allerseelentage* in der Kaschauer Zeitung 1911. Nr. 127; Ethn. Mitteilungen aus Ungarn. 1895. IV. 184.

3) *Early law and custom.* London 1883. 56.

ihre verstorbenen Ahnen, ihre Hausgötter viel wichtiger als selbst das ganze indische Pantheon. Das wies FUSTEL DE COULANGES[1]) von den Römern und Griechen nach, indem er gleichzeitig die wahrscheinlichste Erklärung der auf der Ahnenverehrung beruhenden Hausreligion gab. Für uns ist es schwer zu begreifen, wie die Menschen ihre eigenen Väter oder anderen Vorfahren verehren konnten. Da sie aber nicht unsere Auffassung von der Schöpfung hatten, ist es zu verstehen, wenn für sie das Geheimnis der Zeugung eben das war, was für uns die Schöpfung ist, d. h. »sie hielten den Erzeuger für ein göttliches Wesen, und deshalb beteten sie auch die Vorfahren an«. Den höchsten Grad der Entwicklung erreichte der Ahnenkult in China (und in einem gewissen Maße in Japan). In diesen Kult und in die Hausreligion müssen wir die Hausgötzen miteinbegreifen, denn obgleich in ihrem Ursprung ein Teil des weit älteren Totemismus vorhanden ist, ist es doch zweifellos[2]), daß gerade der Kult der Ahnen und Gottheit den Totemkult verdrängt hat. Hier interessieren uns z. B. nicht die ihre Ahnen darstellenden Standbilder der Etrusker, die um den Herd herum aufgestellt wurden, sondern besonders die Hausgötzen der finnisch-ugrischen Völker, die meistens den Puppen der Kinder (von diesen stammen sie wahrscheinlich ab) am meisten ähneln und von denen festgestellt ist, daß sie Totenbilder der verstorbenen Helden, der einst hervorragenden Männer und Frauen darstellten[3]). Bei den türkischen Völkern sind — unter dem Einfluß des Muhammedanismus — solche Götzen schon sehr selten, nur noch bei den Jakuten[4]) vorhanden.

Der Mittelpunkt dieses Hausgottesdienstes für die Ahnen (KOWALEWSKY, Soziologija II. 251—256) war überall: der Herd des Hauses, da sich die Seelen der Ahnen teils um ihn herum aufhalten, teils da er für die zu ihrer Ehre dargebrachten Totenopfer als Altar dient. Den Grund dafür, weshalb die Seelen sich um den Herd herum aufhalten, sucht man darin[5]), daß man irgend einmal in vorgeschichtlicher Zeit den Toten wirklich unter dem Herd in seinem eigenen Hause

1) *Die Gemeinde im Altertum.* 38. 46. 167—174. 532—534. Zitiert aus d. ung. Übers.

2) WUNDT, a. a. O. 1917. VIII. *Die Gesellschaft.* II. 28. 174.

3) J. KROHN (und in ung. Übers. v. A. BÁN), *A finn-ugor népek pogány istentisztelete* 100—103. 122. 294. 312—316 (= Der heidnische Gottesdienst der finnisch-ugrischen Völker); MUNKÁCSI, *A vogul nép ősi hitvilága* (= Die alte Glaubenswelt des wogulischen Volkes): in der Artikelreihe D, *Lélekhit és halottak tisztelete* (= Seelenglaube und Totenverehrung) und E: *A bálványok és szellemeik* (= Die Götzen und ihre Geister) in *NyK* 1900. XXX. 1—36. 129—171.

4) *Ethn.* VII. 315. VÁMBÉRY, *A török faj.* 148. 149. 189.

5) SCHREUER, *Das Recht der Toten* in ZfvglR. 1916. XXXIV. 92—108 auf Grund reichlicher Belege.

begrub. Diese, wie es scheint, älteste Bestattungssitte war nach dem Zeugnis der Funde in der ganzen Steinzeit verbreitet, und bei den ältesten Griechen und Römern, wie auch in Assyrien, Babylon und Ägypten vorhanden. Bei den Germanen war es Mode, wenn auch nicht im Hause, so wenigstens doch auf dem Hausgrundstück zu beerdigen. Auch eine Beerdigung unter der Schwelle gab es, daher hat diese im Volksglauben, z. B. bei den Mordwinen und bei den Ungarn, eine so große Bedeutung. Auch einige deutsche Volksüberlieferungen [1]) halten sie für heilig. Interessant ist, daß Schreuer auf Grund all dessen das Bauopfer, welches in der ungarischen Volksballade (*Kömives Kelemenné* = Die Frau des Maurers Klemens) auch vorkommt (A. HERMANN, *Das Bauopfer* in Magy. Mérnök-és Épitészegyl. Közl. = Mitt. des ungar. Ingenieur- und Architektenvereins. 1894), ebenfalls aus dieser alten Sitte, aus der Beerdigung im Hause ableitet. Heute gibt es auch noch mehrere primitive Völker, die auf diese Weise beerdigen; von einigen wissen wir auch, daß es früher bei ihnen Sitte war, wie z. B. in Natal (BASTIAN, *Rechtsverhältnisse.* 214. Anm. 2) im XVIII. Jahrh., oder bei anderen innerafrikanischen Stämmen in der ersten Hälfte des XIX. Jahrh. (DENHAM and CLAPPERTON, *Africa.* London 1826. 64. 105; CLAPPERTON, *Second expedition.* London 1829. 89). Nach KOWALEWSKY (Soziologija II. 255) geschieht es noch jetzt in China, daß man um den Herd herum bestattet.

Die Hauptzeremonie der häuslichen Gottesverehrung besteht überall aus dem am Herd abgehaltenen Totenopfer (primitiae, libatio), der Geistliche aber ist immer der Wirt des Hauses, bei den finnisch-ugrischen Völkern auch noch die Hausfrau (J. KROHN und A. BÁN, a. a. O. 201). Diese Zeremonie ist eigentlich schon selbst ein Totenschmaus, wobei, wie z. B. bei den türkischen Beltiren (*Ethn.* VII. 313), man für die Ahnen Speisestücke und Tropfen des Trankopfers in das Feuer des Herdes wirft. Die Erinnerung an die Totenopfer ist auch heut noch bei fast jedem Volk übriggeblieben, z. B. bei den Ungarn in der Sitte, daß man (G. KROHN und A. BÁN, a. a. O. 339) das allererste fertige Stück der Speise (z. B. Krapfen) in das Feuer zu werfen pflegt, oder z. B. auf der Donauinsel Csallóköz (IPOLYI, a. a. O. 199), wenn das Feuer bläst (fúj), was immer Prozeß, Ärger bedeutet, daß die Hausfrau das Feuer damit zu versöhnen versucht, daß sie Mehl oder ein Stück Brot hineinwirft, usw. Daraus läßt sich ersehen, daß, wenn VÁMBÉRY (A török faj. 66. 249. 443. 727: A magyarok eredete. 374) die ähnelnden Sitten der türkischen Völker wie auch die unbegrenzte Verehrung für das Feuer und den Herd dem Ein-

1) GRIMM, *Deutsche Rechtsaltertümer,* 176. 726—728.

fluß des alten persischen Feueranbetungskults zuschreiben will, er einer ganz falschen Richtung folgt. Diese beachtete nur die verschiedenen Religionssysteme, dagegen nicht den für das betreffende Volk so viel charakteristischeren, unmittelbareren und innerlicheren Kultus der Ahnen und Hausgötter. Für das Altertum genügt es, FUSTEL DE COULANGES' Werk (a. a. O. 25—37) zu erwähnen. Der vollkommenste Herdkultus aber ist nach KOWALEWSKY bei den Osseten, den Nachkommen der alten Alanen, übriggeblieben. In Rußland auch, aber besonders bei den Südslawen (SABOROWSKI, *Le feu sacré et le culte du foyer chez les Slaves contemporains* in Bulletin de la Soc. d'anthropologie de Paris 1902. 5. Série I. 530. usw.; ST. CISZEWSKI, *Ognisko*, Studyum etnol. Krakow 1903) gehört der Herd und das Feuer unter die Heiligtümer.

Unter den finnisch-ugrischen Völkern ist die Ahnenverehrung in vollkommenster Gestalt bei den Wotjaken (CHARUZIN, *Etnografija* IV. 335—339) zu sehen, wo sie sich zu einer besonderen Hausreligon entwickelt hat. An jedem wotjakischen Hof gibt es da einen *kua*: ein Hausheiligtum, in der Mitte mit einem Herd, auf dem man den Hausgöttern (vorsüd) ihre Opfer darbringt, denn die Seele des Hausahnen, des Schutzgottes, wohnt in dem *kua*. Aber nicht nur eine jede Familie, sondern auch weitere und größere Einheiten derselben, die Sippen, haben ihre besonderen gemeinsamen kua (budzümkua) jede für sich, mit gemeinsamem Herd, auf dem man zu Ehren der gemeinsamen Sippenahnen, ihrer Götter, opfert. Am interessantesten aber ist folgendes: wenn irgendeine wotjakische Familie ausstirbt, so daß niemand mehr übrigbleibt, der den häuslichen Helden- und Götterkult unterhalten und pflegen könnte, dann scharren die verwandten Familien pietätvoll jede Glut des mit Erlöschen drohenden Herdfeuers zusammen und tragen sie zu dem Herd der gemeinsamen Sippenheiligtümer So hört dann die Ahnenverehrung niemals auf, weil die verwaisten Ahnen der einzelnen Häuser unter die Sippen-Ahnengötter kommen, damit sie dort auf dem gemeinsamen Sippenherd weiterhin auch an der gleichförmigen, beständigen Gottesverehrung und den Opfern teilnehmen. Das geschieht so lange, bis nur noch eine Familie der betreffenden Sippen und ein einziges Mitglied der Familie lebt, das das Sippenherdfeuer nicht ausgehen läßt und darauf die den Ahnen zukommenden Opfer darbringt. Da nun aber auf den der Ahnenverehrung geweihten Herden ewiges Feuer sein muß, so muß es immer[1]) brennen, nach Fustel de Coulanges'

1) Vgl. über das ewig brennende Feuer im Hause in »Verhandlungen der Berliner Gesellsch. f. Anthropologie, Ethnologie und Urgeschichte«. 1887. XIX. 669 usw. Bei den Juden in Etnogr. Obozrěnije 1893. XVI. 133. Unter den im I. Buch Mose XXXI. 19. 30, I. Buch Samuelis XIX. 13. 16 und II. Buch Könige XXIII. 24 erwähnten Götzen

Worten »so lange, bis jedes Mitglied der Familie gestorben ist«. Daher ist bei den Osseten auch heut noch der furchtbarste Fluch: »Euer Feuer erlösche!« d. h. daß jedes Mitglied der Familie aussterben möge. Bei den alten Ungarn mußte wohl diese Verehrung der Ahnen auch bestanden haben. Das ergibt sich nicht allein aus den aufgezählten Analogien, sondern auch aus dem Herdkult, welcher aus dem Gesetz I. 9 König Stephans des Heiligen herausklingt, und dessen wahrer Sinn erst jetzt klar wird. Darin ordnet der heilige König das andächtige Feiern des Sonntags an, und zwar daß dann jedermann, jung und alt, Mann oder Frau in die Kirche ginge, »ausgenommen die, welche den Herd bewachen« (exceptis, qui ignes custodiunt). Man ersieht also daraus, daß es nach dem uralten ungarischen Glauben und der Rechtsgewohnheit nicht erlaubt war, das Herdfeuer ausgehen zu lassen. Noch heute hält das Volk dies für eine verdammenswerte Fahrlässigkeit (KARL SZABÓ, a. a. O. I. 321), und sicherlich hängt damit auch zusammen, daß man es für unschicklich hält, des Feuers wegen zum Nachbarn zu gehen. Schade ist jedoch, daß gerade dieser Teil der ungarischen Ethnographie, der mit dem Feuer und dem Herd zusammenhängt und der als Schlüssel zur Erkenntnis des uralten Glaubens, der Gesellschaft und des Rechts dienen könnte, bisher vollständig brach liegt.

Der zuvor beschriebene Herdkult ihrer wotjakischen Verwandten ist in seiner Entwicklung zum gemeinsamen Sippenherd bis zu der Höhe gelangt, zu der die wotjakische Gesellschaft selbst sich zu erheben imstande war. In der römischen und griechischen Zivilisation hat sich dieser Kultus natürlich noch weiter entwickelt, schlechterdings bis zum äußersten Höhepunkt, wohin er je kommen konnte; und zwar aus dem intimsten Kreise des Familienrechts und der Hausreligion bis zu dem Gebiet des öffentlichen Rechts und der Staatsreligion. Dort nämlich bestanden außer den Familien- und Sippenherden für die Sippenverbände, d. h. die einzelnen Städte, Städtebünde, ferner für ihre Kolonien, bzw. auch die durch einige Städte vertretenen Staaten, für jeden einzelnen Verband ein eigener Herd. In Rom entstand aus dem städtischen Herd der Vestatempel mit einem speziellen römischen Staatsherdkult und mit Priesterinnen: den vestalischen Jungfrauen, die das staatliche heilige Feuer bewachten. In Griechenland hatte jede Stadt ihr besonderes Heiligtum: das *Prytaneum,* auf dessen Altar das heilige Feuer auch

(terafim) können wir zweifellos die die Ahnen darstellenden Hausgötzen verstehen und unter der im V. Buch Mose XXVI. 13. 14 den Toten dargebotenen Nahrung nur die Totenopfer. Bei den Arabern wies GOLDZIHER, *Le culte des ancêtres et le culte des morts chez les Arabes.* Paris 1885, das Vorhandensein des Ahnenkultus entgegen den Lehren des Mohammed nach.

immer brannte. Die griechischen Kolonisten brachten das Altarfeuer ihrer Heimatstadt in die neue Ansiedlung mit, wo ihre erste Aufgabe war, ein neues *Prytaneum* zu errichten, wo sie das heilige Feuer ihrer Ahnen weiter pflegen konnten, was dann die zweite Stadt »auf ewige Zeit mit dem heiligen Band der Religion und Verwandtschaft« mit der ersten verknüpfte. Die römischen und griechischen Heere nahmen selbst auf ihren Feldzügen das heilige Feuer ihres Vaterlandes mit und ließen es niemals auf den Lagerherden ausgehen. Auch von den Janitscharen wissen wir (VÁMBÉRY, A török faj. 727), daß der Kessel des auf dem Kriegspfade befindlichen Heeres in so großer Ehre stand, daß man es für die größte Beleidigung hielt, wenn jemand, ohne sich vor ihm verneigt zu haben, daran vorbeiging. Hier tat sich also, zwar in anderer Form, doch derselbe Feuer- und Herdkult kund. Diese Belegstellen über das Wandern des heimischen heidnischen Feuers durch Kolonisten oder Soldaten sind deswegen auch wichtig, weil sie den hier und da eingewurzelten Glauben widerlegen, als ob der mit der Ahnenverehrung zusammenhängende Herdkult nur bei ständig seßhaften Völkern hätte vorkommen können. Allein in bezug hierauf sind wir nicht auf solche indirekten Beweise angewiesen, da wir von einigen amerikanischen und nordaustralischen Nomadenstämmen entschieden wissen, daß sie auch das ewige Feuer kennen, daß sie das Feuer und auch die Glut ihres provisorischen Herdes immer mit sich trugen, damit sie es dann in ihrem neuen Lager von neuem anfachten. Soweit ich gehört habe, ist auch bei den Ungarn das Wanderfeuer nicht unbekannt. Im *Alföld* pflegten die Hirten, wenn sie von der einen Weide zur anderen zogen, das Feuer ihres alten Lagers in die neuen mitzunehmen. Von den herumziehenden Hirten aus Máramaros hat man aufgezeichnet (Értesitő XV. 300), daß sie selbst ihr Feuer lebendes Feuer, heiliges Feuer nennen, das sie nur durch Aneinanderreiben von Holz erzeugen dürfen, und das ununterbrochen vom Frühling bis zum Herbst, Tag und Nacht, brennen muß.

Das Motiv dieses wandernden, herumziehenden Feuers finden wir auch wieder in der wotjakischen Hausreligion und, was noch interessanter ist, in den folgenden Rechtsgewohnheiten ihres Privatrechts. Wenn z. B. irgendeine wotjakische Sippe von ihrem bisherigen Platze wegziehen muß, dann nimmt sie, ganz wie die griechischen Kolonisten, das Herdfeuer mit. Wenn aber nur eine Familie aus der Sippe anderswohin fortzog, dann trägt sie das Feuer der betreffenden Familie feierlichst hinüber zum Sippenherd. Noch wichtiger ist, daß, wenn die gesamte Sippe aus irgendeinem Grund gezwungen ist, sich aufzulösen, und ihr Vermögen zu teilen, sie dann außer ihren gemeinsamen Sippengütern das Sippenfeuer gleichmäßig, glutweise untereinander teilen. Das geschieht im kleinen auch dann, wenn irgendein wotjakischer Sohn von dem Hause seiner Eltern sich trennt, wo er dann auch eine Glut aus dem Herd des Familienheiligtums bekommt. An einzelnen Plätzen in Rußland besteht auch die Sitte, daß z. B. bei der Teilung der Familie der anderswohin ziehende Sohn die Glut von dem Familienherd mit in sein neues Heim nimmt. Originell ist, wenn die auf der Insel Sachalin wohnenden Giljaken nicht mehr das Herdfeuer, sondern den feuerschlagenden Stahl untereinander teilen; weswegen sie dann die Auswanderung mit den Worten »das Feuer zerbrechen« bezeichnen.

Bei vielen Völkern spielt der Herd eine sehr gewichtige Rolle bei Heiratsschließungen. Diese vollzog man ursprünglich nicht in irgendeinem Tempel, sondern im Hause des Gatten vor dessen Herd. Da nun aber in dem intimen religiösen Verhältnis zwischen den Ahnen und den Nachkommen für Fremde kein Platz war, so war für die Aufnahme der Braut, die ja als Fremde in das Haus ihres Gatten trat, eine besondere Zeremonie notwendig, damit sie von nun an ebenfalls an dem Ahnenkult des Gatten teilnehmen konnte. Daher muß z. B. die Frau nicht nur bei den Römern und Griechen, sondern auch noch in einigen Teilen Deutschlands, ferner bei den Wotjaken, wenn sie zum ersten Male in das Heim ihres Gatten tritt, vor allen Dingen um den Herd herumgehen. In den Hochzeitsgebräuchen der Mordwinen, Osseten und Pschawen spielt der häusliche Herd auch eine vornehme Rolle, gleichwie die darüber hängende Kette und der Kessel. Bei den Ungarn in Slawonien (Értesitő XII. 230. 246) brennt an vielen Orten auch Tag und Nacht Feuer auf ihrem Herd, den sie *szén*, Kohle, nennen und in ihre Hochzeitsgebräuche mithineinziehen. Die Brautwerber öffnen zuerst das »Kohlenhaus« d. h. die Küche und zerschlagen dort mit ihren Stöcken das Herdfeuer; vielleicht wollen sie damit die Ahnen erschrecken und sie zu ihrem Plan überreden, aber wenn ihre Mission Erfolg hat, und man ihnen das Mädchen verspricht, dann scharren sie vorher das Feuer auseinander und sprechen dann bei dessen Schein weiter über die Angelegenheit. Nach der Hochzeit aber empfangen die Eltern des Mannes die junge Frau bei dem Familienherd. Aus dem allen läßt sich ersehen, obgleich das darauf bezügliche ethnographische Material noch vollständig unbekannt ist, daß in dem allgemein bekannten Ausdruck *háztüznézés*, eig. Hausherd-Betrachten = Brautschau, ein viel tieferer Sinn, nämlich der Herdkultus zu uns spricht. Nennenswert ist auch, daß das Volk den Ehebruch mit dem Wort *háztüzrontás* = Hausherdzerstörung bezeichnet, und mit Recht, weil die Anhänger der Hausreligion gerade das für das schwerste Verbrechen gegen den Herd, die Lebenden und Toten hielten, weil dadurch (FUSTEL DE COULANGES, a. a. O. 130. 131) eben die Reihe der gesetzlichen Nachkommen, also gerade die unbehinderte Fortdauer eben des Hauskultes unterbrochen wurde.

Im Rechtsleben vertrat das Herdfeuer auch jederzeit das Haus und die Familie. Im alten Iran nannte man den Herd den Hausherrn und betrachtete ihn auch als solchen. Bei den Griechen und Römern waren »der kalt gewordene Herd« oder »die ausgestorbene Familie« gleichbedeutende Ausdrücke. Bei den meisten Völkern diente das Herdfeuer auch als Grundlage für die gutsherrlichen und staatlichen Steuern. Im germanisch-deutschen Recht (GRIMM, a. a. O. 194. 195) geschah die Übergabe von Haus und Besitz mit dem Erlöschen des alten Feuers und vermittels Anzündens eines neuen bis in die neueste Zeit hinein. Das alte französische Recht bezeichnete eine irgendwo bestehende Niederlassung mit dem Ausdruck »lebendes Feuer herstellen« (faire *feu vif* et résidence), das Ausmieten (DU CANGE, *Glossarium* III. 142 unter *Dissagire*) bewerkstelligte es aber durch Entfernung des Herdfeuers aus dem Hause. Anfangs, natürlich im Mittelalter, brannte auf den Herden ständig das Feuer, jedoch die oftmaligen Brände wegen der vielen Holzhäuser, besonders in den Städten, machten frühzeitig feuerpolizeiliche Maßnahmen notwendig. Angeblich hat schon Wilhelm der Eroberer (DU CANGE, a. a. O. IV. 292 unter *Ignitegium*) in England die Bedeckung des Herdfeuers zur Zeit des Sonnenuntergangs befohlen, was vielleicht anfänglich auch nicht immer das Auslöschen des Feuers zur Folge hatte. Unter Jacob I. aber spricht schon ein Parlamentsbeschluß von einer Glocke namens *curfew-bell* (vom französischen *courre-feu*), die in den Städten abends um 9 Uhr die Bewohner an die Zudeckung des Feuers mahnte. Diese Sitte verbreitete sich dann von England aus schon im XIII. Jahrhundert auch in Frankreich, Italien und Spanien.

Jedoch schon beim römischen Herdkult war es Sitte, daß man in jedem Jahr an einem bestimmten Tag (1. März) das ewige Feuer aller Familien auf dem eigenen Herd zu löschen, aber sofort auf der Stelle das neue Feuer durch Reiben anzufachen hatte. Nach TYLOR [1]) übernahm auch die Kirche diesen heidnischen Ritus des neuen Feuers [2]) in ihre Mariä Lichtmeß- und Osterriten. Am Ostersonnabend z. B. löscht man die Kerzen, um sie dann mit geheiligtem, neuem Feuer aufs neue anzuzünden. Das war schon in der Mitte des VIII. Jahrhunderts in Gallien Sitte, in der Mitte des IX. Jahrhunderts aber [3]) befahl es Papst Leo IV. Das Pontificale der Kirche

1) *Researches into the early history of Mankind.* London 1865. 265.

2) A. MIHÁLYFFY, a. a. O. 127. 146 weist ebenfalls auf den heidnischen Ursprung hin.

3) DU CANGE, *Glossarium* I. 627. IV. 290 unter *Novus Ignis.*

von Poitiers um 800 herum beschreibt auch schon das heilige Osterfeuer, welches man aus Kieselstein schlug. Wichtiger hingegen ist für uns, daß bei dem Ritual, das auch in das Ritualbuch Ordo Romanus des XIII. Jahrhunderts gekommen ist, vorgeschrieben war, daß man gleichzeitig in jedem Hause das alte Feuer löschen und dann mit dem in der Kirche geheiligten neuen Feuer (de ipso novo et benedicto igne) das neue Feuer der Herde entfachen sollte. Dies war auch in der ungarischen Kirche Sitte nach dem Zeugnis des bei IPOLYI (a. a. O. 191) zitierten Preßburger mittelalterlichen Meßbuchs, sowie der ältesten gedruckten Ritualbücher (MKönyvSz. 1890. 184), aber nicht nur am Ostersonnabend, sondern auch am Mariä Lichtmeßtag. Auch das ist nicht uninteressant, daß nach dem Zeugnis der Biographie des Heiligen Kieranus, das mit dem heiligen Osterfeuer entzündete neue Feuer auf den Herden der mittelalterlichen Klöster ständig ein ganzes Jahr lang bis zum neuen Feuer brannte, d. h. daß diese uralte Sitte aus der heidnischen Hausreligion der Ahnenverehrung auch hier eingedrungen ist. Die Hervorbringung des Feuers durch Aneinanderreiben von Hölzern hat schon im VIII. und IX. Jahrh. eine kirchliche und weltliche Gesetzgebung (DU CANGE, *Glossarium* V. 584 unter *Nedfyr*) gleicherweise verfolgt. Das Capitulare Karlmanns aus dem Jahre 742, die Synode von Leptines aus dem Jahre 743 und das eine Capitulare Karls des Großen verboten die Feuererzeugung auf diese Weise als eine heidnische Sitte (»de igne fricato de ligno id est Nodfyr«, das ist das deutsche Notfeuer)[1]. Vermutlich geschah es deswegen, weil dieses Feuerschlagen mit verschiedenen — aber schon nicht mehr hierher in den Kreis des Hausherdkultes gehörenden — Sitten zusammenhing, wie dem Scheiterhaufen, dem Feuerlegen und dem Hinüberspringen über dasselbe zwecks Reinigung, welche heidnische Sitte schon MOSES (V. Buch. XVIII. 10 und II. Buch Könige XVII. 17) verfolgte. Die Römer haben es zur Jahreswende der Gründung Roms (21. April) gefeiert. Dann war es das ganze Mittelalter hindurch (z. B. in Marburg und Niedersachsen) Sitte, auch heute kommt es noch bei einigen Völkern, auch in Ungarn vor[2]. All das, wie J. SEBESTYÉN, *A regösök*. Budapest 1902. 236. 250. 312—315. 407 usw. = (Die Volkssänger, Spielleute), lehrreich nach-

1) R. HOFSCHLÄGER, *Der Ursprung der indogermanischen Notfeuer*. Leipzig 1913. Vgl. ferner M. ROSKA, *Tüzgerjesztés dörzsöléssel* (Feuerzeugung durch Reiben) in *Dolgozatok az. Erd. Múzeum érem-és régiségtárából* (Arbeiten aus der Münz- und Altertumssammlung des Siebenbürger Museums) II. 316 usw. und wiederum von ihm »A tüz« (= Das Feuer) in *Erd. Múzeumegylet VI. vándorgyülésének Emlékkönyve* 72—93 (Gedenkbuch der Wandersitzung des Siebenbürger Museumsvereins).

2) Über die Feuer in der Mittsommernacht und andere siehe besonders IPOLYI, a. a. O. 190—196.

wies, hängt zusammen mit dem Frühlingsfest, mit dem Winter- und Sommersolstitium, den verschiedenen Jahresanfängen und anderen kalendarischen und astronomischen Phänomenen, ja sogar die Zeit ihres Entstehens hat er auf astronomischer Grundlage genau bestimmt.

Der Familien- und Sippenkult der Ahnenverehrung war jedoch nur unter der Bedingung aufrecht zu erhalten und zu befestigen, wenn die betreffende Familie oder die Sippe nicht ausstarb, und wenn immer ein blutsverwandtes männliches Mitglied vorhanden war, das das Herdfeuer nicht ausgehen ließ und dazu fähig war, die für die Ruhe der Toten unentbehrlichen Opfer darzubringen. Denn obwohl man bei der Unterhaltung des Feuers die Hilfe der Frauen in Anspruch nahm, konnten dennoch nach dem alten Glauben ausschließlich Männer sämtliche Zeremonien der häuslichen religiösen Ahnenverehrung verrichten. Daher hielt man also die Ehelosigkeit entweder für eine Gottlosigkeit oder ein Unglück, und jede Familie und jede Sippe dachte voll Furcht an die Möglichkeit seines Aussterbens, denn dann würden nicht nur sie, sondern auch die göttlichen Toten, ihre Vorfahren, alle zugrunde gehen mit der Hausreligion selbst, die ihrem ewigen Gedächtnis geweiht war. Ihr heißester Wunsch war also, recht viel Knaben zu haben, weil durch sie nicht nur die Arbeitskraft und öffentliche Sicherheit der Familie oder der Sippe wuchs, sondern weil auch nach dem Tode ihre Ruhe gesichert war. Nach dem Mahābhārata hatten die, welche keine Knaben hatten, keinen Platz in den Himmeln. AESCHYLOS nennt in seinem »Orestes« das schrecklichste Unglück, ohne einen Sohn zu sterben. Wenn im alten Persien der Herd eines Oberhauptes zu erkalten drohte, d. h. wenn kein Sohn da war, dann verlor dasselbe jede gesellschaftliche Achtung. Da blieb ihnen daher keine andere Wahl, als an Stelle einer blutsverwandten Nachfolge für eine nachgemachte oder künstliche Verwandtschaft zu sorgen, d. h. an Stelle des eigenen Blutes einen Fremden als Erben anzunehmen unter der Bedingung, daß er den Familiengottesdienst weiter fortsetze, d. h. nach den Worten des griechischen Rechtes von Gortyn, daß er seinem adoptierenden Vater gegenüber die menschlichen und göttlichen Pflichten erfülle. Deswegen war und ist die Annahme an Erbesstatt (adoptio) in der ganzen Welt verbreitet, ausgenommen bei den Juden[1]; denn in der heiligen Schrift findet sich keine Spur davon, erst die Talmudisten später haben eine ähnliche Institution eingeführt. Sonst diente das Levirat, wie wir im II. Kapitel sahen,

1) S. MAYER, *Die Rechte der Israeliten, Athener und Römer.* Leipzig 1856. II. 273. 428.

wenn auch in anderer Form, doch ebenfalls demselben Zweck. Bei den Arabern hingegen war die Adoption solange Mode, bis Mohammed sie verbot, aber nur deswegen, weil er die Witwe des angenommenen Sohnes zur Frau nahm, und die öffentliche Meinung das für eine Blutschande hielt. Unter den finnisch-ugrischen Völkern kommt die Präfektion, die Einsetzung in die Sohnesrechte, bei den Wotjaken und Tscheremissen vor, die die Sippenorganisation am besten aufrecht erhalten haben. In Ungarn war seit altersher die Adoption sehr verbreitet, aber schon hier hat sie, wie es scheint, und wie ja auch ihr Name zeigt, eher nur eine Vermögens- als Familiengemeinschaft geschaffen. Manchmal erschien sie auch in sonderbaren Formen, z. B. als im Jahre 1307 (*Anjou Diplomatarium* I. 123) irgend jemand einen Knaben als Sohn annahm und der Betreffende wiederum ihn als seinen Vater. Außerdem nahm auch die Mutter des adoptierten Knaben den adoptierenden Vater als Sohn an, indem sie ihm ihre Morgengabe überreichte. Im Jahre 1500 [1]) nahm eine Witwe in Zengg jemand an Sohnesstatt an und dieser wiederum sie als seine Mutter. Aus dem Tripartitum I. 63. 65. § 2. 3 des WERBŐCZY (der auch adoptiert worden war) kann man entnehmen, daß, wenn nach der Adoption dem Adoptierenden ein Kind geboren wurde, die Adoption ungültig wurde. Das geht auch hervor aus der schon im I. Kapitel bei der Adoption der Schwiegersöhne erwähnten Belegstelle des Jahres 1275 und entspricht gänzlich der alten Rechtsauffassung, die nur Kinderlosen die Adoption gestattete. Das, was WENZEL (*A magy. magán jog rendszere* = Das System des ungarischen Privatrechts. II. 323. 470. 471) aus dem Tripartitum I. 51. § 1. 2 herauslesen und als speziell ungarisches Rechtsprinzip vorzeigen will, kann überhaupt nicht bestehen, daß z. B. bei den Ungarn der minderjährige Adoptierte nicht unter die Gewalt des adoptierenden Vaters gekommen wäre, sondern daß er auch weiterhin zu seinen eigenen Eltern gehalten hätte, weil das schon den Grundprinzipien und der Vergangenheit der Adoption widerspricht und wahrscheinlich nur ein leeres Erzeugnis der Kasuistik KELEMENS [2]) war, aber nicht des Lebens. Hierauf müssen wir uns Antwort vom Volke selbst holen, ebenfalls die Daten betreffs der verschiedenen Formen der Adoption, ihrer Zeremonien oder Symbole.

Der Adoptierte konnte als künftiger Priester der Hausreligion nur ein Knabe sein, die Adoption eines Mädchens ist also z. B. bei den Südslawen [3]) auch heute unverständlich, speziell dort, wo die Adoption

---

1) VL. MAŽURANIĆ, *Prinosi za hrwatski prawnopowěstni rěčnik.* 637.

2) *Institutiones Juris Hungarici privati.* Budae 1818. I. 197.

3) KRAUSS, *Sitte und Brauch.* 595. SOKOLOW, *Usynowlenije i jego otnošenije k braku w Wizantii i na Wostokě.* Die Adoption in ihrem Verhältnis zur Ehe in Byzanz und im Orient. St. Petersburg 1910.

des Schwiegersohnes (siehe im II. Kapitel) diese ohnehin ersetzt. Zum Zwecke der Adoption wählt man den Betreffenden entweder aus dem Kreise der Verwandtschaft, wie es z. B. in China obligat ist, oder aus Fremden; oder man kauft sie auch, wie in Indien, oder raubt sie, und auch vor solchen Mitteln schreckt man nicht zurück wie in Babylon[1]), daß man die Kinder von Sklaven, oder wie bei den nordamerikanischen Indianern, daß man die Kriegsgefangenen und deren Kinder adoptiert. Im Kaukasus (KOWALEWSKI, a. a. O. II. 103) pflegte man den aus der Blutrache entstandenen Gemetzeln damit Einhalt zu tun, daß man (les extrêmes se touchent!) irgendeinen Verwandten des Mörders an Stelle des ermordeten Familiengliedes an Erbesstatt annahm. Die Adoption geschah, wie überhaupt jede solche Rechtstat, die von der unter der uralten Familientradition vorgeschriebenen und zur Gewohnheit gewordenen automatischen Ordnung abwich, niemals im Familienkreise, sondern öffentilch, z. B. nach dem Gortyner Recht auf dem Marktplatz, bei den Germanen und Iren in den Volkversammlungen. Die Adoptionszeremonien sind außerordentlich mannigfaltig bei den verschiedenen Völkern[2]). Unter diesen sind zweifellos die ältesten die, welche die Geburt selbst oder das mütterliche Nähren nachahmen oder in irgendeiner Form versinnbildlichen. Solche sind z. B. bei den Griechen, Römern, Hindus und bei einigen Barbarenvölkern des Altertums, dann auch bei den Skandinaviern und Slawen das in den Schoß oder auf die Knie Setzen oder auch das Emporheben durch den adoptierenden Vater oder die Mutter. Anderwärts das Verbergen des Adoptierten unter das Hemd des adoptierenden Vaters oder der adoptierenden Mutter, wie z. B. der Herzog von Edessa den Bruder Gottfrieds von Bouillon, Baudoin, den späteren König von Jerusalem[3]), adoptierte, und in Frankreich, besonders unter den Merowingern[4]), wie auch in Aragonien (GRIMM, a. a. O. 160. 464. 465) war es Brauch, und auch heute noch geschieht die Aufnahme unter die russischen Ketzer, die Raskolniks, auf diese Weise; ferner in Byzanz, in Deutschland, Frankreich und England durch Verbergen unter den Mantel. Schließlich das im Kaukasus übliche symbolische Säugen des Adoptierten, oder das Küssen der mütterlichen Brust bei den Tscherkessen, Osseten, Mingreliern, Kabardinern usw., wie auch (nämlich das Säugen) bei den Kirgisen. Eine andere, besonders bei den Germanen häufige Art der Adoptionen geschah mittels der Waffe, z. B. bei den Goten mit dem Säbel, bei den Langobarden mit dem Pfeil, bei den Mero-

1) *Nouvelle Revue historique du droit.* XXXIII. 271.
2) KOHLER, *Studien über die künstliche Verwandtschaft,* in ZfvglR. V. 415—440.
3) DU CANGE, *Glossarium* X. in der XXII. *Dissertation* S. 71—75.
4) MICHELET, *Les origines du droit français.* Paris 1838. I. 11—13.

wingern mit der Lanze, die der Adoptierte bekam, d. h. dieser Vorgang ahmte den Ritterschlag des jungen Mannes nach. Diese Art der Adoption übten besonders die Fürsten untereinander, aber freilich nur aus Achtung gegeneinander, ohne irgendwelche weiteren rechtlichen Folgen, gleichwie auch die andere Art der Adoption, nach der der als Sohn angenommene Fürstensprößling die Titel des adoptierenden Fürsten trug, ohne das Recht der Erbschaft. Interessant ist, daß auch die Republik Venedig diese Adoption ausübte, als sie z. B. die Katharina Cornaro, die Königin von Cypern, oder Bianca Capello, die Gattin des Großherzogs von Toscana Franz von Medici adoptierte, wodurch diese dann zu Töchtern von Venedig wurden. Von den in der eben zitierten XXII. Dissertation des Du Cange aufgezählten geschichtlichen Adoptionen erwähne ich nur die des Kaisers Rudolf von Habsburg, durch die er im Jahre 1277 [1]) den ungarischen König Ladislaus IV. an Sohnesstatt annahm [2]). Eine besondere, aber nach Kohler ebenfalls hierher, in den Kreis des Gesellen- oder Ritterschlags, gehörende Gruppe bildet das feierliche Abschneiden des Haares und Bartes durch den Adoptierenden, was Du Cange als französische Adoptionssitte schildert, obwohl er neben den Franzosen byzantinische und langobardische Beispiele erwähnt. Schon im alten Indien, bei den Griechen und Römern war dies nicht unbekannt, und bei den Slawen kommt es nicht nur in alter Zeit, sondern auch heute noch vor. Dann übernahmen die ersten Christen diese ursprünglich heidnische Sitte und nahmen sie sogar in ihre Kirche auf als die religiösen Zeremonien

1) Pauler, *A magy. nemzet tört. az Árpádházi kir. alatt.* Ungarische Staatsgeschichte unter den Königen aus dem Hause Árpád. Budapest 1899. II. 334.

2) *Des adoptions d'honneur en fils et par occasion, de l'origine des chevaliers.* Am Schluß der Abhandlung erwähnt Du Cange noch eine andere, sonderbare neuere Adoption, wenn nämlich die Fürsten den Betreffenden direkt in ihre Familie aufnahmen, freilich nur aus Achtung, ohne jedes Recht der Beerbung, wie z. B. im Jahre 1475 der König Ferdinand von Neapel Philipp Croy, Grafen von Chimay, indem er ihm Namen und Titel von Aragonien verlieh; im Jahre 1477 nahm er Johann Bentivoglio und seine Nachkommen in seine Familie auf und setzte ihnen eine jährliche Rente von 4000 Gulden aus. Der ungarische König Mathias hat auf diese Weise in seine Familie den Grafen Corregio Borso aufgenommen und ihm gleichzeitig auch ein Wappen verliehen, welche Belegstelle bisher in der Literatur über diesen interessanten Wappenbrief des Mathias unbekannt war. Der Vollständigkeit halber erwähne ich noch, daß, wie ich in Tört. Szemle V. 591. 592. Anm. 1 und 2 festgestellt habe, in der Arpadenzeit die ältesten Adelserhebungen vom Jahre 1164 an anfangs mit der Aufnahme in das Haus, den Hof und die Familie des Königs geschahen, gleichsam in der Gestalt und Form der Berechtigung des freien Eingangs und Aufenthalts daselbst. In Polen war die Adelserhebung, die im XIV. Jahrhundert ihren Anfang nimmt, zunächst auch eine Art Adoption (Kutrzeba, *Grundriß der polnischen Verfassungsgeschichte.* Berlin 1912. 69). Der König gab nämlich sein eigenes Wappen (resp. einen Teil davon) den Geadelten, er nahm sie also gewissermaßen in seine eigene Sippe auf.

des ersten Haarschneidens und Bartscherens, wozu Papst Gregor der Große (590—604) Gebete verfaßte. Das erste Haarschneiden geschah nach dem Gesetz der salischen Franken nach dem 12. Jahr, in Polen jedoch[1]) in der ältesten Zeit im 7. Jahre der Kinder, wo diese ihren Namen bekamen und als Familienmitglied anerkannt wurden. Nennenswert ist jetzt noch, worauf IPOLYI, a. a. O. 542 aufmerksam gemacht hat, daß nach CSAPLOVICS (*Gemälde von Ungern.* II. 303) auch in Ungarn die Kinder bis zum Alter von 7 Jahren ihr Haar nicht abschnitten[2]).

Denjenigen Mann, der das erste Haar und den ersten Bart feierlich abschnitt, nennen die mittelalterlichen Belege schwankend, bald den adoptierenden Vater, bald aber den Taufpaten, weil neben Adoptionen die auf diese Weise vollzogen waren, der Taufpatenschaft ähnelnde seelische Verwandtschaften, Gevatterschaften entstanden, besonders bei fürstlichen Personen. Diese Verwirrung der Begriffe konnte desto leichter geschehen, weil ja ehemals mittels der Taufe wirkliche Adoptionen entstanden, wozu DU CANGE (s. auch GRIMM, a. a. O. 465 und Anm.) zahlreiche, hauptsächlich byzantinische Beispiele anführt. Als Kaiser Ludwig der Fromme im Jahre 826 den Dänenkönig überredete, daß er sich taufen ließe, nahm er ihn aus diesem Anlaß als Sohn an. In Frankreich[3]) hielt man den Täufling

1) GRIMM, *Deutsche Rechtsaltertümer.* Leipzig 1899. I. 203. 204; ich zitiere die neueste Ausgabe nur, wo sie Nachträge bringt.

2) Das langherabhängende Haar stand besonders bei den Germanen (GRIMM, a. a. O. 239—241. 270. 271. 283—286) in hohem Ansehen. Das lange Haar der fränkischen Könige war heilig, die das als Vorrecht ihres königlichen Stammes ansahen, und die man deswegen *reges criniti* nannte; den abgesetzten Königen dagegen schnitt man das Haar ab. Überhaupt war das lange Haar das äußerliche Kennzeichen des freien Mannes bei allen ursprünglichen germanischen Völkern, im Gegensatz zu den Sklaven, denen man das Haar schor. In Ungarn (vgl. *Ethn.* VII. 476. 477) wandte man in der Arpadenzeit das ganze oder halbe Rasieren des Kopfes nur als Strafe für Sklaven an (die letzte Erinnerung daran findet sich heute noch in dem Haarabschneiden bei den Zuchthäuslern). Noch heute beweint der Rekrut im ungarischen Volksliede den Verlust seiner Locken (*Göndör hajam rövidre lesz levágva*). Das Burgunder Recht verbot den Sklaven, ihr Haar wachsen zu lassen, und das salische Gesetz bestrafte streng diejenigen, die ohne Wissen der Eltern den Kindern ihr Haar abschnitten. Der Merowinger-König Chlodwig I. riß sich, als Zeichen der Achtung, aus seinem Bart einige Haare aus und gab sie dem Bischof von Toulouse; seinem Beispiel aber mußte seine Begleitung folgen. Die Germanen schwuren auf ihr Haar und ihren Bart, in der Merowinger Zeit aber gab der zahlungsunfähige Schuldner sein Haar dem Gläubiger und wurde demzufolge gleichsam sein Sklave. In all diesem war nach WUNDT, a. a. O. 1918. IX. *Das Recht.* 394 ein Teil der uralten Auffassung, die dem menschlichen Haar besondere Zauberkraft zuschrieb. Schließlich möchte ich noch erwähnen, daß bei den Kirgisen (VÁMBÉRY, *A török faj.* 325) auch das Fest des Schnurrbartscherens mit dem Eintritt der Reife Mode ist, ohne daß aber, wie es scheint, zwischen dem Scherenden und dem Geschorenen irgendein Rechtsverhältnis daraus entsteht.

3) DU CANGE, *Glossarium* III. 497. 498 unter *Filiolus.* J. CORBLET, *Parrains et marraines. Étude liturgico-historique.* Paris 1881.

immer für den vom Taufpaten aufgenommenen Sohn (filleul), die Taufe selber aber für eine seelische Adoption. Diese Taufkinder bekamen daraufhin von ihrem Taufpaten Besitz geschenkt, was die Urkunden unter dem Namen filiolatus oder filiolagium kennen. Das war vielleicht auch in Ungarn [1]) in der Arpadenzeit der Grund dafür, daß die Verwandten bis ins vierte Glied aus der Taufpatenschaft ausgeschlossen waren. Abgesehen davon betrachtete die Kirche das Verhältnis der Taufpaten und Firmungspaten zu den Eltern ihrer Tauf- oder Firmungskinder immer als eine seelische Verwandtschaft [2]), sie selbst als seelisch Verwandte (cognati in deo) und die Ehe derselben untereinander als ausgeschlossen. Bei den Protestanten war dafür kein Platz, eine desto größere Rolle aber spielte dieselbe in der griechisch-orientalischen Kirche, wo sie als ehehindernde seelische Verwandtschaft, außer den Eltern, sich auch auf sämtliche Kinder der Taufpaten und Eltern erstreckt. Daher kommt es dann, daß diese Art der imitierten oder künstlichen Verwandtschaft, und zwar der seelischen Verwandtschaft, nirgends so sehr verbreitet ist, wie gerade bei den griechisch-orientalischen Südslawen [3]), und nirgends kennt man so vielerlei Gevatternschaft wie hier. Außer den Tauf- und Firmungspaten, die in der Regel recht zahlreich waren, gibt es noch Hochzeits- und Haarscheregevattern, die, wie wir sahen, eine der ältesten Formen der seelischen Verwandtschaft bewahrten. Die russischen Chroniken aus den Jahren 1192 und 1194 erwähnen auch noch solche Feste des Haarscherens, die es in alter Zeit, wie wir sahen, in Polen, angeblich auch in Böhmen gegeben hatte. Mažuranić erwähnt eine Urkunde des XI. Jahrhunderts aus dem alten Kroatien, nach der der kroatische König Krešimir IV. dem Pribina, dessen Haar er schor, Besitz verlieh. Heutzutage ist diese Haarschergevatterschaft, außer bei den Albanern, nur in Bosnien, der Herzegowina, auch noch bei den Mohammedanern [4]) (bei welchen überdies noch eine Beschneidungsgevatterschaft besteht), ferner in dem Konavlital in Dalmatien und in Montenegro Brauch, auf dem ersten Haarschneidefest der Kinder. Ein eigenes Beispiel der seelischen Verwandtschaft ist auch das, was in manchen südslawischen Gegenden (Értesitő IX. 132) Brauch ist, daß sich z. B. auch diejenigen, die denselben Schutzheiligen haben, als verwandt betrachten, in

1) Balics, *A kath. egyház tört. Magyarországon* = Geschichte der kath. Kirche in Ungarn. Budapest 1890. II. 2. 495

2) Grosch, *Die Wasserweihe als Rechtsinstitution* in ZfvglR. XXIII. 420—456; G. A. Jenichen, *Prolusio de patrinis, eorumque origine, numero et sexu.* Lipsiae 1758.

3) Mažuranić, a. a. O. 556. 558; Bogišić, *Zbornik sadašnjih prawnih običaja.* Agram 1874. 387. 388; Jireček, *Prowe.* 275.

4) Wiss. Mitth. aus Bosnien u. Herzegowina. Wien 1894. II. 499—501.

dem Maße, daß auch eine Ehe zwischen ihnen äußerst selten ist. Das hängt mit derjenigen interessanten alten Sitte zusammen[1]), die in Bosnien, der Herzegowina, in Montenegro, im westlichen Serbien, in Dalmatien an der Meeresküste von Makarska bis Cattaro, bei den Serben wie bei den Kroaten, bei den griechischen Orientalen und bei den Katholiken gleichmäßig Brauch ist und auch bei einzelnen Mohammedanern vorkommt, daß nämlich irgendeine Familie oder eine Sippe, oft sogar ein ganzes Dorf oder ein Teil desselben ständig irgendeinen gemeinsamen Schutzpatron verehrt. Den Tag dieses Schutzheiligen, den sie »*krsno ime*« oder »*krsna slava*«, das Fest des »Taufnamens«, nennen und für höher als das größte Fest, als Weihnachten und Ostern halten, feiern sie dann in jedem Jahre mit einem dementsprechend würdigen Glanz. Mit Bezug auf den Ursprung des Festes sagt das Montenegriner Gesetz aus dem Jahre 1855, daß jenes eigentlich eine Erinnerung an die Bekehrung zum uralten christlichen Glauben und an die erste Taufe sei. Ein Teil der Gelehrten betrachtet hingegen die Sitte als Überbleibsel der mittelalterlichen bogumilpatarener Ketzerei, andere wiederum leiten sie aus der ältesten Zeit ab, aus dem alten römischen Kult des Hausgottesdienstes (dii lares et penates). Aus diesem Gedankenkreis kann also auch die ungarische Sitte stammen, daß die, welche den gleichen Taufnamen haben, einander »*druža*«, das auch slawischen Ursprungs ist, nennen und sich als Freunde betrachten. Die Szekler aber bezeichnen diesen Begriff mit dem Worte »*ját*«, welches wiederum nach SZINNYEI (*NyK*. 1899. XXIX. 71) mit dem tschuwaschischen Wort »*jat*« identisch ist, das dort »Name« bedeutet. Überhaupt wäre es lohnend, bei den Ungarn die seelische Verwandtschaft, besonders die Gevatterschaften durch Aufstellung entsprechender Fragen bei dem Volke zu erforschen, denn, so scheint es, das Gevatterschaftsverhältnis ist in den verschiedenen Gegenden sehr verschieden, bald innerlicher (z. B. ist die Einwilligung des Paten, als des seelischen Vaters, nötig für die Eheschließung der Taufkinder), bald mehr oberflächlich. Dazu kommt die Mannigfaltigkeit der Patenschaften, die Zahl der Paten (z. B. erlaubte die Zipser Synode aus dem Jahre 1460 drei Paten, zwei männlichen und einen weiblichen Geschlechts), dazu kommen die mit den Patenschaften zusammenhängenden Mahle, die *paszita, radina, csök* (*Ethn*. XXVI. 125—129), *koroxsma*[2]) und die Verpflichtungen usw. Nach KNAUSZ (*Magyar Sion*. 1867. V. 247) geschah in Ungarn die Taufe bis zum Jahre 1583 mittels Tauchens ins Wasser.

---

1) Wiss. Mitth. aus Bosnien u. der Herzegowina. Wien 1916. XIII. 69—71. 91—98. 99—103.

2) J. MELICH, *Szláv jövevény szavaink* = Unsere slawischen Lehnwörter. Budapest 1905. II. 338—341; Nyelvör 1918. 23—26.

Außer diesen kommt vermittels der Kinder noch eine weitere Art der künstlichen Verwandtschaft zustande, besonders im Kaukasus, z. B. dadurch, daß die Mutter zur Zeit der Geburt ein fremdes Kind säugt, so bei den Osseten, Tschetschenzen, Ingusen und kaukasischen Tataren; oder wenn jemand einem fremden Kinde einen Namen (siehe die polnischen Belegstellen bei dem Haarscheren) gegeben hat, wie bei den Tschetschenzen und Ingusen. Am bemerkenswertesten aber ist die Verwandtschaft, welche durch die Erziehung des fremden Kindes zwischen diesem und seinem Pflegevater, dem »*atalik*«, entsteht, weshalb man dann auch diese »*Atalik*schaft« nennt bei den kaukasischen Tataren, den Osseten, Tscherkessen, Tschetschenzen, Abasechen und Abchasen. KOHLER, der die kaukasischen Belege nicht kennt, weist auf das Rechtsverhältnis hin, das in Indien zwischen dem Schüler und seinem Lehrer besteht, und das qualifiziert er als eine der Taufpatenschaft ähnelnde seelische Verwandtschaft, aber sogleich sieht er darin eine Analogie zu der alten irischen und walisischen Pflegevaterschaft oder Pflegeverwandtschaft, welches Verhältnis im keltischen Recht sehr ausführlich bestimmt war. Hier blieben die von den Fremden übergebenen Knaben bis zum 17., die Mädchen aber bis zum 14. Jahr bei ihren Pflegeeltern. Solche künstlichen Verwandtschaftsverhältnisse mußten wenigstens teilweise sich in der sehr wichtigen gesellschaftlichen Einrichtung der alten ungarischen *Servienten* und *Familiaren* offenbaren, die sich zum erstenmal in der Arbeit von JULIUS SZEKFÜ, *Die Servienten und Familiaren im ungarischen Mittelalter* (in Ungarische Rundschau für hist. und soziale Wissenschaften. II. Jahrg. 1913. 524—557) uns darbietet. Eine ausführliche Erklärung ihrer weiteren Entwicklung im XVI. und XVII. Jahrhundert und ihrer Organisation erwarten und erhoffen wir von dem Kulturhistoriker dieser Epoche A. TAKÁTS.

Außer den mannigfaltigen Präfektionen spielt eine große Rolle in den geschichtlichen und lebenden Gewohnheitsrechten gleicherweise die Annahme an Brudersstatt[1]) oder Wahlbrüderschaft, die nur zwischen Erwachsenen geschehen kann. Ihr Zweck ist kein anderer als die Vergrößerung und Verstärkung der Verteidigungskraft der einzelnen Familien oder Sippen (speziell bei der Blutrache) und ihrer Arbeitsfähigkeit vermittels künstlicher Verwandtschaft, und die Ausfüllung der Lücken in der natürlichen Verwandtschaft, um sich dadurch die Fortdauer der Existenz zu sichern. Es ist also kein Wunder, wenn diese Rechtsgewohnheit sozusagen in der ganzen Welt verbreitet ist, so in Afrika wie in Ostindien, bei den Malaien, Mongolen, den Nogajer Tataren, und das *Tamirentum* bei den Kirgisen (VÁM-

1) G. TAMASSIA, *L'affratellamento*. Torino 1886.

BÉRY, *A török faj.* 283), im Kaukasus bei den Osseten, Ingusen, Tschetschenzen, Chewsuren, Kabardinern, Lakken und Tscherkessen; unter den finnisch-ugrischen Völkern bei den Lappen, Mordwinen, Tscheremissen und Wotjaken. Außerordentlich groß ist ihre Rolle in Albanien, Griechenland und bei den Südslawen [1]), wo die Annahmen an Brudersstatt des kirchlichen Segens teilhaftig werden und ein Hindernis für die Ehe bilden. Bei den in Ungarn lebenden Serben [2]) ist es auch Sitte, »daß das geschwisterlose Kind, gleichgültig ob es ein Knabe oder ein Mädchen ist, sich aus einer anderen Familie einen Geschwisterkamerad wählt, und diese Paare verlassen einander nie bis an ihr Lebensende in guten wie in schlechten Tagen«. Die älteste geschichtliche Erinnerung an die Bruderannahme findet sich in einer Verordnung des Kaisers Diokletian (284—305), wodurch er diese in dem östlichen Teil seines Reiches auftauchende Sitte verbot. Dasselbe tat auch das syrisch-römische Rechtsbuch aus dem V. Jahrhundert, und dort hören wir auch schon die Gründe für das Verbot, daß dort nämlich die Bruderannahme die Frauen- und Kindergemeinschaft nach sich zog, ebenso wie heute noch in Madagaskar, auf den ostindischen Inseln und in Timor die Annahme an Brudersstatt mit der Frauen- und Gütergemeinschaft verbunden ist. Der kirgisische »*tamir*«, als der angenommene Bruder, hat das Recht, jede Sache, die er begehrt, von seinem neuen Bruder sich anzueignen. Aber schon seit dem VI. Jahrhundert [3]) war diese Sitte in ganz Europa verbreitet bis nach Island hin, auch in Byzanz, wo sie eine sehr große Rolle spielte, und schon in der Kirche vor dem Geistlichen auf Befehl der kaiserlichen Gesetze vor sich ging. Die älteste Zeremonie der Bruderannahme geschah mittels Waffenübersendung oder durch Austausch der Waffen untereinander. Die neugriechischen Freiheitskämpfer tauschten ihre Waffen vor dem Altar untereinander und gelobten einander die Treue. Im mittelalterlichen Frankreich war die Annahme als Bruder sehr Brauch; die Angenommenen nannte man dann Waffenbrüder oder Waffengefährten (frères d'armes, compagnons d'armes); die Zeremonie jedoch war schon nicht mehr mit der Waffe, sondern nur mit dem Eide und der Kommunion verknüpft. In dem ältesten

---

1) P. STRETJKOWIČ, Artikel über die Annahme an Brudersstatt in der *Glasnik* der Belgrader serbischen Gelehrtengesellschaft. 1885. Bd. LXIII. S. 273—294. Der Artikel des bulgarischen Rechtsgelehrten BOBČEW über die Zeremonien der *pobratimstwo* und *possestrimstwo* in der russischen »*Žiwaja Starina*«. 1892. Bd. III. S. 31—43. STAN. CISZEWSKI, *Künstliche Verwandtschaft bei den Südslawen.* Krakau 1897.

2) L. LÓCZY, *A magyar sz. korona országainak leírása.* Budapest 1918. 153. Beschreibung der Länder der heiligen ungarischen Krone; der Aufsatz von S. BÁTKY.

3) DU CANGE, *Glossarium* X. 67—70. *Dissertation* XXI. *Des adoptions d'honneur en frère et par occasion des frères d'armes.*

Gewohnheitsrecht von Poitou bestand noch das Beerben von Bruder auf Bruder, wovon man neuerdings [1]) glaubt, daß es von den Slawen (?) entliehen ist. Die Teilung der heiligen Hostie unter die beiden sich Verbrüdernden nennt man die sizilianische Rechtsgewohnheit. Unter den europäischen Fürsten war die Annahme an Brudersstatt auch sehr verbreitet, aber hier geschah sie nur aus politischen Zwecken durch Gesandte oder Vertrag; so z. B., als im Jahre 1407 der ungarische König Sigismund mit dem sizilianischen König Ludwig II. »amicitiam, *fraternitatem,* unionem, ligam et fidelem confoederationem« schloß gegen ihre gemeinsamen Feinde, gegen Ladislaus von Durazzo. Die Zeremonie der Bruderannahme besteht noch bei den Tschetschenzen in dem Scheren des Haares des Betreffenden außer dem gegenseitigen Eide. Bei den Südslawen ist die Mannigfaltigkeit der Bruderannahmen und ihrer Zeremonien so reich, daß z. B. LEO BARBAR bisher allein bei den Bulgaren 17 verschiedene Annahmen an Brudersstatt beschrieben hat (ZfvglR. XXXII. 88—102), und doch ist seine Studie noch nicht beendigt. In Montenegro (JIREČEK, *Prave* 246), währt solch eine Annahme als Bruder nur ein Jahr, aber sie kann erneuert werden. Am interessantesten aber ist, daß bei den Südslawen neben der Annahme an Brudersstatt (*pobratimstvo*) es auch eine Annahme an Schwesterstatt (*possestrimstvo*) gibt, und daß diese nicht nur zwischen Frau und Frau, sondern auch zwischen Frauen und Männern geschlossen werden. Bei den Kirgisen und Mongolen war diese ebenfalls sehr gebräuchlich, hier konnte sogar eine verheiratete Frau einen Mann als Bruder annehmen. Im Kaukasus ist die Annahme an Schwesterstatt nicht unbekannt; am sonderbarsten ist die sogenannte »Linturali«-Verwandtschaft, die bei den Swaneten Frau und Mann miteinander schließen und wodurch dann der Mann der ständige treue Ritter der Dame wird, ganz wie in den mittelalterlichen Ritterromanen, was um so merkwürdiger ist, weil gerade unter ihnen die Beseitigung der neugeborenen Mädchen am meisten Sitte war.

In Ungarn kommt die Annahme als Bruder, die man in anderer Weise *atyafiúvá való fogadás,* Annahme an Verwandtenstatt (= wörtlich Vatersohnsstatt), oder *fogadott atyafiúság,* angenommene Verwandtschaft, nannte und die auch WERBŐCZY kennt, schon zur Arpadenzeit (z. B. aus dem Jahre 1294 WENZEL, Árp. Új. Okmánytár. Neues Diplomatarium der Arpaden. XII. 557. 558) vor und erfreute sich einer außerordentlich großen Ausdehnung, besonders seit Beginn

---

1) DE LA MÉNARDIÈRE, *De la succession de frère à frère, souvenirs slaves dans la très ancienne coutume de Poitou* in *Mémoires de la Société des antiquaires de l'Ouest.* Poitiers 1884—85. Bd. VII. 343—361.

des XV. Jahrhunderts[1]), als sie auch zwischen Frauen und Männern (z. B. aus dem Jahre 1430. *Haz. Okmt.* Vaterländisches Diplomatarium II. 246. IV. 295. 296) nicht ungewöhnlich war. Sie war überwiegend mit der gegenseitigen Beerbung verbunden, denn man nannte sie auch erbberechtigte Annahme an Brudersstatt, was dann im XV. Jahrhundert gleichzeitig zum mächtigsten Werkzeug für die Zusammenhäufung großer Güter und andererseits für die Entstehung politischer Interessengemeinschaften, Ligen, wie es in Deutschland (Erbverbrüderung, GRIMM, a. a. O. 481) und in Italien geschah. In der ungarischen Geschichte ist zweifellos diejenige Annahme an Brudersstatt am denkwürdigsten, als König Ladislaus V., um den unbedingten Beweis zu geben, daß er dem Ladislaus und Mathias Hunyadi verzeihe wegen ihrer Ermordung des Grafen Czilley, jene unter einem auf »den heiligen Körper Christi« geschworenen Eid als seine eigenen Brüder annahm[2]). Bald danach aber hat er einen in der Zeit schrecklichen Eidbruch begangen durch die Hinrichtung eines der beiden auf diese Weise angenommenen Brüder.

Annahmen an Brudersstatt können jedoch nicht nur zwischen einzelnen, sondern auch zwischen ganz großen Gruppen vorkommen, und diese tragen dann schon meistens staatsrechtlichen Charakter. Im alten Gallien z. B. nahmen ganze Gemeinden sich gegenseitig als Brüder an. Solches war auch bekannt bei den Angelsachsen aus den Gesetzen König Eduards des Bekenners als «Wapentac«, d. h. Bruderbund, den die Gemeinden miteinander unter gegenseitiger Berührung ihrer Waffen schlossen. Bei den Basken[3]) schwuren die einander gegenüber wohnenden Gemeinden in jedem Jahre einander ewige Freundschaft. Angeblich sollen diese im alten Polen auch vorgekommen sein. Auch bei den malaiischen Stämmen sind gruppenweise Annahmen Brauch. In Ungarn kennen wir auch ein sehr berühmtes Beispiel der Bruderannahmen mit öffentlichem Rechtscharakter und zwar folgendes. Sämtliche in den 27 Dörfern des Turopoljer Adelskreises im Agramer Komitat lebenden Adligen nahmen sich am 15. Februar 1560[4]) vor dem Domkapitel von Agram, gleichsam als ob sie alle aus ein und demselben Stamme hervorgegangen waren, gegenseitig als erbberechtigte Brüder (in fratres adoptivos et condivisionales) an, und zwar so, daß, wenn irgend-

---

1) Z. B. FEJÉR, *Cod. Dipl.* X. 8. 495—501. *Sopr. Oklt.* (= Ödenburger Komit. Archiv) II. 118—122. 212.

2) THURÓCZI, *Chron.* IV. 59. Kapitel.

3) E. RECLUS, *Nouv. géographie universelle.* Paris 1876. I. 862.

4) E. LASZOWSKI, *Monum. hist. nobilis communitatis Turopolje olim Campus Zagrabiensis dictae.* Zagrabiae 1906. III. 439—445. 1908. IV. 39—41; E. PALUGYAY der Jüngere, *Túrmezö oklevelekkel kisért jogtörténeti ismertetése.* Buda 1848. 25—35 = Rechtsgeschichtliche Schilderung von Turopolje mit Urkunden.

einer von ihnen ohne Erbe stürbe, seine Güter immer auf den nächsten angenommenen Bruder und dessen Nachkommen übergehen sollten. Diese die Erbschaft betreffenden Urkunden hat dann später Kaiser Rudolf II. in das vom 8. März 1582 datierte Privilegium überschrieben und bekräftigt[1]).

---

1) Genau genommen gehören folgende Erscheinungen zwar nicht hierher, aber schon wegen ihrer kulturgeschichtlichen Bedeutung ist es unmöglich, sich hier nicht ihrer zu erinnern: so der mittelalterlichen seelischen Annahmen an Brudersstatt, der seelischen oder Gebetbrüderschaften, der Verbrüderungen oder Bünde (G. ZAPPERT, *Über sogenannte Verbrüderungsbücher und Nekrologien* in Sitzungsberichte der Kais. Akademie d. Wissensch. Philos.-Hist. Classe. Wien 1853. X. 417—463. XI. 5—42; A. MOLINIER, *Les obituaires français au moyen âge.* Paris 1890; EBNER, *Die klösterlichen Gebetsverbrüderungen bis zum Ausgange des karolingischen Zeitalters. Eine kirchengeschichtliche Studie.* Regensburg 1890), welche schon in der Mitte des VIII. Jahrhunderts in den Klöstern entstanden, zum Zwecke des gegenseitigen Gebetes für ihre lebenden und besonders für die verstorbenen Mitglieder. Und nicht nur einzelne Klostermitglieder nahmen einander als seelische Brüder an, sondern die Klöster selbst traten mit anderen Klöstern in seelische oder Gebetsbünde; anfangs verbanden sich die Klöster nur miteinander, aber später seit dem XI. Jahrhundert schon mit den Kapiteln, in Zukunft aber auch miteinander, so daß allmählich ein riesiges Netz solcher seelischen Verbrüderungen und Gebetsbünde entstand, das sich fast über das ganze katholische Europa verbreitete. Das Kloster von Reichenau beispielsweise stand schon im IX. Jahrhundert mit 54, das Hildesheimer Domkapitel im XII. Jahrhundert mit 24, das Salzburger Benediktinerkloster mit 80 Klöstern oder Kapiteln in solch einem Gebetsbund. Diese kirchlichen Kollegien aber pflegten nicht nur einander in Brüderschaften aufzunehmen, sondern auch einzelne Personen. Schon vom VIII. Jahrhundert an beeilten sich die höheren kirchlichen Würdenträger, Bischöfe, Erzbischöfe, Kardinäle, sich in diese Gebetsbrüderschaften (confraternitas) aufnehmen zu lassen. Ihnen folgten darin die Regenten, die Kaiser, Könige, Herzöge und ihre Familienmitglieder. So nahm beispielsweise das Kloster von Saint-Denis Kaiser Ludwig I., die Kirche von Canterbury den König Knut und seinen Bruder Harald usw. als seelischen Bruder an, ja angeblich (*Pannonhalmi Sz. Benedekrend tört.* Geschichte des Benediktinerordens vom Martinsberg. Budapest 1902. I. 16) hat das Kloster Cluny den ungarischen König Stefan den Heiligen in seinen Gebetsbund aufgenommen. Auf solche Beispiele hin öffnete sich dann der Weg auch für die übrigen Weltlichen, demzufolge diese religiöse Einrichtung alsbald den Höhepunkt ihrer Ausdehnung erreichte und den Kirchen ihren großen Besitz und ihr Vermögen einbrachte. Die weltlichen Herren (auch die hohe Geistlichkeit) machten nämlich teilweise für die Sicherstellung des Seelenheils ihrer selbst und ihrer Angehörigen, Verwandten, ja auch ihrer Ahnen kleinere oder größere Stiftungen an Besitz, Sklaven oder Geld und bedangen sich aus, daß die betreffende Kirche, besonders wenn sie dort auch begraben wurden, sie nicht nur zu ihren Lebzeiten in ihre Gebete aufnähme, sondern auch nach ihrem Tode, und daß man sich jährlich ihrer zur Jahreswende oder auch eventuell an anderen Tagen erinnere. Oft setzten sie bis ins kleinste im voraus die Zahl der für sie zu haltenden Messen, der Psalmen, des Glockengeläutes, der Kerzen usw. fest, auch das Maximum der an jenen Tagen, gleichsam als Schmaus dienenden, auszugebenden Speisen, Getränke und Almosen zur Bewirtung der Klostermitglieder und der Armen. Dem einigermaßen Ähnliches haben wir schon in Ungarn bei dem Schmaus der *Dušnoks* kennen gelernt. Solche Klöster und andere kirchliche Korporationen hielten dann alle ihre Seelenbrüder (confrater), ihre Gründer und Spender mitsamt den von ihnen bestimmten verschiedenen Bedingungen von Anfang an in Evidenz, meistens in Art eines Kalenders unter dem Namen *Calendarium, Necrologium, Obituarium, Martyrologium,* oder auch in

Schließlich verdienen noch zwei wichtige und besondere Formen der Annahme an Geschwisterstatt Aufmerksamkeit: die Milchbruderschaft und Blutsbruderschaft. Die Milchbruderschaft entsteht vermittels der Amme, welche das gestillte Kind für seine Mutter hält, und demzufolge betrachtet die Amme alle Verwandten der aufsteigenden, absteigenden und Seitenlinien als ihre eigenen Blutsverwandten. Das war angeblich auch schon bei den Etruskern [1]) der Fall, spielte in dem alten irischen Recht eine gewichtige Rolle, war aber im Islam im höchsten Maße verbreitet und ist vielleicht durch Vermittlung der Osmanen zu den Albanern und einzelnen südslawischen Völkern gekommen. Ohne die primitiven Völker zu erwähnen, kennen die Milchbruderschaft im Kaukasus die Osseten, Tschetschenzen, Tscherkessen, von den finnisch-ugrischen Völkern die Wotjaken und Tscheremissen. Als Ehehindernis gilt sie bei den Tataren, Turkomanen und besteht nicht nur im mohammedanischen, sondern auch im armenischen Recht.

Interessant ist, daß die Milchbruderschaft auch in Wien am Hofe der Habsburger (*Archiv für Kunde österr. Geschichtsquellen* 1850. V. 672—673) insoweit eine Rolle spielte, als die Kinder von Hofammen als erzherzogliche Milchgeschwister, als höfische »Zuchtkinder« angesehen wurden und daß der Hof für sie sorgte, besonders zwecks Erlernung irgendeines Erwerbszweigs, meistens aber ließ er ihnen auf der künstlerischen Laufbahn eine entsprechende Unterstützung zuteil werden. Die vom Hof auf diese Weise erzogenen Milchgeschwister wurden daher meistens Maler, Bildhauer, Musiker oder Tanzmeister.

Noch mehr ist die Blutsbruderschaft verbreitet, deren Schließung in verschiedener Abwechslung die gegenseitige Vermengung des Blutes oder das gemeinsame Trinken oder Kosten desselben bildet. Diese Sitte [2]) ist besonders in Madagaskar, in ganz

den Listen des nach dem ewigen Leben genannten *Liber Vitae*; z. B. enthielt das Liber Vitae des Klosters von Reichenau 40000 Namen. All diese ungeheuer vielen seelischen Annahmen an Brudersstatt, die Gebetsbünde oder Stiftungen geschahen immer unter rechtlichen Formen vor Zeugen in der Gestalt von Urkunden, außerdem mit einer besonderen Aufnahmezeremonie, wie eine solche z. B. aus dem Kloster Cluny (D'ACHERY, *Veterum aliquot scriptorum qui in Galliae bibliothecis maxime Benedictorum latuerunt Spicilegium*. IV. 225) auf uns gekommen ist. Solche seelischen Bruderannahmen oder Aufnahmen in die Brüderschaft hatten auch ihr besonderes rechtliches Symbol, und zwar ein paar Filzschuhe, die die annehmende kirchliche Korporation dem Angenommenen gab. Diese Institution hat also nicht nur die Pflege und Entwicklung der religiösen Gesinnung begünstigt, sondern war auch von großem Einfluß auf die Verbreitung und die Vereinheitlichung der christlichen Kultur. Alle mittelalterlichen religiösen Gilden, Brüderschaften und Beerdigungsgesellschaften stammen eigentlich hiervon ab.

1) KOHLER, *Milchverwandtschaft bei den Etruskern* in ZfvglR. XVIII. 73—75.

2) R. LASCH, *Der Eid*. Stuttgart 1908. 15—18. 73. 74.

Ostafrika, Polynesien, Hinterindien, auf den ostindischen Inseln, in Timor, bei den malaiischen Dajaks, in Europa aber einzig und allein bei den Albanern heimisch. Überall jedoch betrachtet man die Blutsbruderschaft als einen viel festeren verwandtschaftlichen Zusammenhang als das echte brüderliche Verhältnis. In bezug auf das Altertum [1]) schreibt man über die Skythen und die asiatischen Karamanen, daß sie ebenfalls durch gemeinsames Bluttrinken miteinander Freundschaft schlossen. Es ist aber offenbar, daß die Trinkenden den Ausdruck Freundschaft dafür nur deswegen gebrauchten, weil damals der Begriff Annahme an Bruderstatt ihnen noch unbekannt war. WUNDT (a. a. O. 1918. IX. *Das Recht.* 395. 396) nennt dieses Bluttrinken eine uralte kannibalische Sitte, deren ursprünglicher Zweck nach ihm die Aneignung der Zauberkraft des Blutes gewesen war. Dem gegenüber stellt er die Sitte der Germanen (GRIMM, a. a. O. 118. 119. 192—196), die nicht Blut tranken, sondern die gegenseitige Blutsbruderschaft schworen und unter einem aus dem Erdboden ausgeschnittenen und mit der Lanze emporgehobenen Rasenstück (»unter den Rasen gehen«) standen und dann, nachdem sie ihre Hände oder Füße gestochen hatten, ihr herausfließendes und ineinander laufendes Blut mit dem Erdboden vermengten. Hierin aber hat Wundt nicht recht, daß er diese germanische Sitte rein für ein rechtliches Symbol hält, welches den dadurch verbundenen Personen bestimmte Rechte und Verpflichtungen auferlegte, dagegen sieht er in dem gegenseitigen Bluttrinken nur ein einfaches persönliches Symbol, und als solches hätte es nach ihm keinerlei rechtliche Bedeutung gehabt. Diese Behauptung hingegen beruht auf der vollständigen Verkennung der hierhergehörigen Daten, weil ja aller Hauptzweck der auch heut noch lebenden Blutsbrüderschaft und ihre rechtliche Bedeutung jederzeit in der gegenseitigen Verteidigung und der Verpflichtung besonders zur Blutrache (KOHLER in *ZfvglR.* V. 435. 437) besteht, gerade so wie bei den Germanen. Übrigens war auch das Bluttrinken selbst bei ihnen nicht gänzlich unbekannt, denn in der Merowingerzeit hatte bei den Franken [2]) der Adoptierte von dem Blut des Adoptierenden zu trinken, oder der Adoptierte ließ sein Blut auf den ihm vermachten Boden fließen, in dem Glauben, daß, weil die Seele durch das Blut übergeben wird, auf diese Weise ein heiliges Band und eine Gemeinschaft zwischen der Familie und dem in sie aufgenommenen Fremden entsteht, d. h. zwischen dem neuen

1) FL. MÁTYÁS, *Pogány szokások öseinknél. Roger és Tamás esperesek a nagy tatárjárásról.* = Heidnische Sitten bei unseren Vorfahren. Die Dechanten Roger und Thomas über den großen Mongolensturm. Budapest 1897. 4—10.

2) KOENIGSWARTER, *Hist. de l'organisation de la famille en France.* Paris 1851. 148.

Besitzer und dem alten Besitz [1]). Die germanische Blutsvermischnng ist kein besseres Symbol als das gegenseitige Bluttrinken oder als alle die anderen Variationen, wie z. B. das gemeinsame Essen von in gemeinsames Blut getauchtem Ingwer (Madagaskar) oder des mit gemeinsamem Blut bespritzten Schafherzens (Wasaramo) oder der Hühnerleber (Udoe, Usigova) oder das Einreiben des gegenseitigen Blutes in die Wunde (Wadschidschi, Wanjamwesi) oder das Eintauchen der Waffen in das Blut (bei den Skythen; in Vorder- und Hinterindien und auf den indischen Inseln nur in Wasser); obgleich, nebenbei bemerkt, es auch vorkommt, daß man nicht mit Blut, sondern mit Speichel Bündnis oder Frieden schließt, und nicht nur bei dem afrikanischen Wadschaggastamm (*ARW.* 1907. X. 269–294), sondern auch bei den nördlichen germanischen Völkern (GRIMM, a. a. O. 194).

Die Blutsbruderschaft und das Bluttrinken spielt nicht nur privatrechtlich [2]) bei Annahmen an Geschwisterstatt, bei Eidesleistungen und Verträgen (wie bei den Chinesen, Arabern, den alten Armeniern, den Annamiten, den hinderindischen Karen, bei einzelnen wilden Stämmen in Birma), sondern auch staatsrechtlich bei Blutsbruderschaften und Annahmen an Geschwisterstatt, z. B. bei Verschwörungen (die Römer Aquilius und Catilina, der Armenier Sariaster, die griechischen Frauen von Lemnos) oder beim Schließen von Bündnissen eine große Rolle, wie z. B. im Altertum bei den Skythen, den Medern und Lydiern. Im mittelalterlichen Byzanz waren die Griechen gezwungen, wenn sie mit benachbarten Völkern, z. B. nach JOINVILLE mit den Kumanen ein Bündnis schlossen, gegenseitig von ihrem Blut zu trinken, auch noch die in Konstantinopel eingeschlossenen Franzosen waren dazu gezwungen; nach MATTHEUS PARISIENSIS schlossen die Iren noch im Jahre 1236 durch Bluttrinken miteinander einen Bund; und 1187 auch noch die Sarazenen. Eine Regensburger jüdische Reisebeschreibung aus dem Ende des XII. Jahrhunderts (*Történelmi Tár* 1880. 105) sagt von den in der Nachbarschaft des Chasarenreiches am Dnjepr lebenden nomadischen Kedaren, daß, weil man nur mit Hilfe eines Führers bei ihnen reisen könne, man damals einander in der Weise schwur, daß der Führer mit einer Nadel sich in den Finger steche und das Blut dem zu trinken gibt, der mit ihm reist, weil der Betreffende dadurch ungefähr zu Fleisch und Blut des Führers wird.

---

1) Vgl. auch den Artikel von A. JAKOBY über das *judicium offae* genannte Gottesgericht (ARW. XIII. 525–566), worin er interessante Belege anführt für die durch Genuß von Milch oder Blut entstehenden Verwandtschaften.

2) L. DE ROSNY, *Recherches ethnographiques sur les serments.* Paris 1901. I. 31—60.

In diese Kategorie gehört dann der uralte ungarische Blutpakt [1]). Diesen Blutpakt hat die Chronik Anonymus' bewahrt. Aber wenn er das so hinstellt, als ob es nur ein einseitiger Treuschwur sei, den die sechs Fürsten an Álmos, als den von ihnen erwählten Fürsten, geleistet hätten, so hat er die Überlieferung unrichtig verewigt, d. h. er hat sie der Auffassung seiner eigenen Zeit angepaßt, die sich schon nicht mehr vorstellen konnte, daß die wählenden Feldherren nicht Untertanen des Fürsten waren, sondern mit ihm in demselben Range standen, und daß der Fürst nicht einen Treueid von ihnen nimmt, sondern mit ihnen wie mit Blutsgeschwistern in einen Pakt oder ein Bündnis tritt. Nach dem Zeugnis all der aufgezählten historischen und lebenden Rechtsgewohnheiten konnte der ungarische Blutpakt und das Blutsbündnis nur in der Weise vor sich gehen, daß in diesem gegenseitigen Blutlassen und Bluttrinken Álmos selbst als eine der vertragschließenden Parteien teilnehmen mußte, und daß die Feldherren nur auf Grund des beiderseitigen Paktes sich ihm freiwillig als ihrem angenommenen Blutsbruder unterwarfen [2]).

Als Zeugnis dafür, daß aber bei den Ungarn die Zeremonie des Bluttrinkens nicht nur in dem Gebiete des Staatsrechts, sondern auch im Privatleben und Privatrecht Sitte sein konnte, verweist schon CORNIDES [3]) auf eine Randbemerkung aus dem Jahre 1537, die in einem Buche aus dem Jahre 1536, das sich jetzt im Besitz der Ungarischen Akademie der Wissenschaften befindet, steht, und wonach die Ungarn, wenn sie untereinander Freundschaft schlossen, diese durch Bluttrinken zu besiegeln pflegten. VÁMBÉRY führt den Beleg von

---

1) IPOLYI, a. a. O. 544—547; K. SZABÓ, *Kisebb tört. munkái* I. 332. 333; VÁMBÉRY, *Die primitive Kultur des Turko-Tatarischen Volkes*. Leipzig 1879. 252. 253. *A magyarok eredete* (Der Ursprung der Magyaren). 382; Graf G. KUUN, *Relationum Hungarorum cum Oriente historia antiquissima*. Claudiopoli 1892. I. 220—222; FL. MÁTYÁS, a. a. O. 4-12; B. MUNKÁCSI, *A honfoglaló vezérek vérszerződése* (Der Blutpakt der landerobernden ungarischen Stammesfürsten) in *Ethn.* 1899. X. 254; J. SEBESTYÉN, *A magyar honfoglalás mondái* (Die Sagen der ungarischen Landnahme). Budapest 1904. I. 22-25; II. 24. 25. 509. 510; J. ILLÉS, *A magyar társadalom és állam szervezete a honfoglalás korában* (Die Organisation der ungarischen Gesellschaft und des ungarischen Staates zur Zeit der Landnahme) in dem erwähnten Prachtwerk Árpád und die Árpáden. Budapest 1907. 50—55.

2) VÁMBÉRY identifiziert in Verbindung mit dem Blutpakt das ungarische Wort *eskü* (Eid) mit dem türkischen *icski*, das Segentrank oder Trank bedeuten soll. Im Neupersischen heißt schwören soviel wie den Eid trinken, weil die Eidesleistung mit Trinken verbunden ist. Diese Worterklärung kann jedoch nicht bestehen, da das ungarische Wort eskü erst im XIX. Jahrhundert entstanden ist, durch Fortlassung der Endung aus den alten ungarischen Wörtern *esküszik, esküdni*, ebenso wenn VÁMBÉRY das gar nicht existierende angeblich türkische Wort icski oder icskü nur aus dem Ausdruck and icsmek = Segen trinken, ableiten will. Die alte ungarische Sprache drückte den Begriff Eid, eskü, mit dem Worte *es* oder *hit* aus.

3) *Vindiciae Anonymi Belae regis notarii*. Budae 1802. 300.

Pecsevi an, wo im Jahre 1541 der Ofener Pascha Oroszlán mit einem armen dortigen Ungarn in der Weise Freundschaft schloß, daß sie sich gegenseitig in einen Finger schnitten und das Blut ableckten. Schließlich abgesehen von dem bei Liebenden gebräuchlichen Blutschmecken oder mit Blut Schreiben (L. DE ROSNY, a. a. O. I. 51), als einer größtenteils internationalen Gewohnheit, will ich noch auf das Bluttrinken im ungarischen Volksmärchen[1]) aufmerksam machen, worauf hin die gegenseitig ihr Blut Trinkenden zu »vérint való testvérek« = Brüdern durchs Blut wurden. Übrigens ist es fast unmöglich, daß wir nicht tatsächliche Rechtsgewohnheiten oder Symbole oder irgendeine lebende Erinnerung oder Überlieferung beim Volke finden sollten, betreffend die künstliche oder imitierte Verwandtschaft und nicht nur diese, sondern alle weiteren aufgezählten Arten und Zeremonien.

1) Vgl. L. KÁLMÁNY, *Ethn.* XXIII. 38—42. 100. 101.

IV.

Erbrecht. — Urrechtliches Erben. — Testamente. — Das Erben der Frauen. — Erben in der männlichen Linie. — Erbschaftsteilungen. — Das Vorrecht des jüngsten Sohnes. — Uneheliche Kinder und ihre Legitimierung. — Vormundschaft und Kuratel.

Wenn wir uns jetzt dem Erbrecht zuwenden, so sind wir, wie ich schon im ersten Kapitel erwähnte, in bezug hierauf in der günstigen Lage, daß ein guter Teil der hierhergehörigen Rechtsgewohnheiten in Ungarn von N. MATTYASOVSZKY im 2. Band des »Stammeserbrecht und Stammeserbsitte« (*Törzsöröklési jog és törzsöröklési szokás*) betitelten Buches nach den dort aufgestellten Fragepunkten schon gesammelt worden ist. Bevor wir jedoch auf diese zu sprechen kommen, müssen wir einen flüchtigen Blick auf die uns interessierenden wichtigsten historischen und lebenden Gewohnheitsrechte des Erbens werfen.

Das urrechtliche Erben, wie dies besonders FUSTEL DE COULANGES (a. a. O. 92—110), MAINE SUMNER (*A jog őskora.* Die Urzeit des Rechtes. Budapest 1875. 140—198. 418—427) und WILUTZKY (*Vorgeschichte des Rechts. Prähistorisches Recht.* Berlin 1903. II. 170—181) festgestellt haben, knüpft sich auch an die Verehrung der verstorbenen Ahnen, d. h. an die Hausreligion der einzelnen Familien und Sippen. Nach dem römischen Rechtsprinzip »nulla hereditas sine sacris« hing das Erben und der Hauskult der Ahnen aufs engste miteinander zusammen. Auch CICERO sagt, daß das Vermögen einer jeden Familie und ihr Kultus voneinander untrennbar sind. Von dem Familienvermögen konnten nur diejenigen erben, die zur dauernden Verrichtung des Kultus berufen oder verpflichtet waren. Aus diesem Grundprinzip ergaben sich dann die übrigen Regeln des urrechtlichen Erbens. Weil nämlich der Familienkult nur von einem Sohn auf den anderen übergehen konnte, so konnte das Familienvermögen nicht an andere fallen.

In je ältere Zeit wir also zurückgehen, desto innerlicher ist die Erbordnung, von desto automatischerem Charakter, desto selbstverständlicher. Deswegen konnten beispielsweise anfangs immer nur die allernächsten unmittelbaren Erben die Erbschaft antreten, d. h.

nicht einmal die leiblichen Enkel, solange der Erblasser Söhne hatte; man kannte also auch noch keinerlei Vertretungsrecht der Enkel. So konnten im germanischen Recht (GRIMM, a. a. O. 471. 472) die Enkel nur dann erben, wenn der einzige Sohn, die Urenkel nur dann, wenn auch der einzige Enkel nicht mehr am Leben war. Da man aber schon seit dem VI. Jahrhundert die Ungerechtigkeit dieses urrechtlichen Prinzips angriff, beschloß Kaiser Otto I. im Jahre 941 die immer strittiger gewordene Frage durch einen gottesgerichtlichen Zweikampf zu entscheiden. In dem Zweikampf siegte der Kämpfer der Enkel gegen den der Söhne, worauf der Kaiser dann als Urteil aussprach, daß danach die Enkel auch immer als Söhne zu betrachten seien und an der Erbschaft gleicherweise teilnehmen sollten, obwohl dieses neue Rechtsprinzip selbst in Deutschland nicht überall und nicht unbedingt gegenüber den älteren Rechtsgewohnheiten Anerkennung fand.

Das Testament war in der alten Gesellschaft unbekannt, weil der Besitz nicht Eigentum des Erblassers, sondern der ganzen Familie war, worauf, wie noch heute im Kaukasus, der Vater und die Kinder gleiche Rechte haben. Alle Rechte und Pflichten des Familienhauptes waren in Wahrheit die der ganzen Familie, welche mit dem Tode der einzelnen Personen nicht aufhören können. Der Sohn erbt eigentlich immer zufolge seines Rechtes, als notwendiger, gezwungener Erbe, so daß es sich in Wahrheit nicht um ein Erben, sondern eher um ein automatisches Übergehen des Familiengutes und um eine vollständige Übernahme der teils privatrechtlichen, teils staatsrechtlichen Rechte des Familienhauptes handelt und handelte. Charakteristisch ist weiterhin auch, daß es zur Gültigkeit jeder, diese uralte Erbordnung umstoßenden Rechtstat erwünscht war, daß sie nicht in der Familie, sondern vor der großen Öffentlichkeit geschähe, wie wir es z. B. schon im 3. Kapitel bei der ältesten Adoption sahen. Die alten römischen Testamente mußten ebenfalls, seitdem man sie eingeführt hatte, nicht zu Haus insgeheim, sondern in der Stammesversammlung gemacht werden (ERDMANN, *Die Entwicklung der Testierfreiheit im römischen Recht* in der *ZfvglR.* XXII. 1—31), so lange bis an ihre Stelle die eigentümliche Zeremonie des »testamentum per aes et libram« trat, wobei der Erblasser, ebenfalls vor entsprechenden öffentlichen Personen, seine Hinterlassenschaft scheinbar dem verkaufte, den er zum Erben gewählt hatte, und dieser wiederum spielte die Rolle des »familiae emptor«.

Aber das alte Zwölftafelgesetz der Römer erlaubte, gleichwie das Solonische in Athen, nur in dem Falle das Testament, wo regelrechte Erben fehlten. Andere Völker hingegen kannten oder kennen das Testament überhaupt nicht (wie die Kirgisen, die kaukasischen

Völker usw. auch jetzt nicht), welches erst mit der Ausdehnung des römischen Reiches immermehr zur Allgemeinkenntnis gelangte. Den Germanen war es auch gänzlich fremd, und erst später kam es allgemein vor: im alemannischen, burgundischen und bayerischen Recht ausführlicher, als Muster des vollständigen römischen Testaments in dem Gesetz der Westgoten.

All das geschah fast vollständig durch den Einfluß der Kirche, die alles daran setzte, die letztwillige Verfügung zu einer möglichst allgemeinen und verbreiteten Sitte zu machen, ganz wie in Indien, wo nur die brahmanischen Geistlichen imstande waren, die Testamente einzuführen. DU CANGE erwähnt[1]) sehr viele interessante Belege über die langsame Entwicklung der letztwilligen Verfügung in Westeuropa, die lange Zeit überall nur mit Traditionen zu frommen Zwecken zusammenhing. Die ältesten Konzile haben über die Heiligkeit der Testamente debattiert, und die Kirchenväter haben die ohne letztwillige Verfügung Gestorbenen als verdammte, ehrlose Wesen betrachtet. Nach den Beschlüssen der Konzile mußte jedermann mindestens ein Zehntel seiner Güter zu seinem Seelenheil zugunsten der Kirche oder der Armen oder zu anderen frommen Zwecken verteilen. Wer das verweigert hatte, blieb ohne Absolution und letzte Ölung und wurde ungefähr wie ein Selbstmörder betrachtet. Die weltliche Gesetzgebung[2]) sprach auch aus, daß die Güter des ohne Beichte Verstorbenen an den König oder an die Lehnsherren fallen sollen. Auch die Mobilien dessen, der plötzlich gestorben war, erbten, weil man zu jener Zeit einen solchen Fall immer für ein Gottesurteil hielt, der König oder die Lehnsherren, oder sie überließen die diesbezüglichen Rechte irgendwelchen Städten als Privileg. Deswegen nannten die Franzosen und Spanier das Hinscheiden ohne Testament »ohne Zunge« oder »wortlos« (mori sine lingua) sterben.

Der Zweck eines solchen Testaments oder, genauer gesagt, der letztwilligen Verfügung beim Todesfall hingegen war nicht der, in der uralten naturgemäßen Erbordnung etwas zu verändern oder irgend jemand anders als Erben zu nennen und auch nicht denjenigen, der rechtmäßig folgen müßte, sondern daß neben dem gesetzmäßigen Erben auch noch andere an Nachlässen teilhaben sollten, besonders solche, deren Beteiligung an der Erbschaft das Seelenheil des Betreffenden begünstigte. Daher kommt es also, daß man die Familienhäupter eigentlich niemals als Personen ohne Testament (intestatus) ansah, auch in Ermangelung eines Testaments nicht,

---

1) IV. 399—402. *Intestatio*; V. 116. *Lingua*; VIII. 85. 86. *Testamentum, Testare, Testatio.*

2) *Charta de Regibus Angliae in Normannia* 1205 und das Etablissement Ludwigs des Heiligen von Frankreich.

weil statt ihrer ihre gesetzlichen Erben immer über die frommen Gaben verfügen konnten, sogar auch zu ihrem Seelenheil. In ihrem Namen konnten alle Familienmitglieder ein Testament machen, wofür auch in Ungarn hauptsächlich in der Arpadenzeit Beispiele vorhanden waren. In Frankreich war es das Recht der Bischöfe, die Güter des ohne Testament Verstorbenen zu verteilen. Dieses Recht wußte nach langem Kampfe erst das Pariser Parlament des Jahres 1409 aufzuheben, indem es aussprach, daß von nun an zur Beerdigung eines ohne solches Testament Gestorbenen es nicht weiterhin mehr nötig sei, von den Bischöfen die Erlaubnis dazu einzuholen. In Spanien schaffte Alfons IX., König von Kastilien, jenes Gesetz ab, hingegen in England bestand noch im Jahre 1701 die Rechtsgewohnheit, daß die Güter des ohne letztwillige Verfügung Gestorbenen der betreffende Bischof selbst verwaltete oder mittels eines Beauftragten, der jedoch eventuell der Sohn des Verstorbenen sein konnte. Andererseits, besonders in Frankreich, war es auch Recht der Bischöfe, von den in Testamenten zu frommen Zwecken hinterlassenen Gütern anfangs über den zehnten, dann über den neunten und noch später über den vierten Teil völlig frei zu verfügen. Interessant ist auch, daß man anfänglich die Freiheit der letztwilligen Verfügung so weit ausdehnte, daß z. B. der Langobardenkönig Liutprand sogar Minderjährigen erlaubte, auf ihrem Totenbette zum Heil ihrer Seele fromme Hinterlassenschaften zu machen. Solche Kindertestamente kennen wir tatsächlich aus den Jahren 794, 1000 und 1018.

In Ungarn hat ebenfalls die testamentlose, automatische blutsverwandtschaftliche Erbordnung der uralten Gesellschaft geherrscht. Gesetz II. 2 Stefans des Heiligen sagte aus, daß jedermann Herr sei des eigenen Vermögens, und daß nach seinem Tode seine Söhne mit ähnlicher Macht ihr Erbe besäßen. Es gibt auch Ansichten, welche in einem anderen Gesetz des Heiligen Stefan (I. 6) schon die Einführung der letztwilligen Verfügung[1]) sehen, obwohl durch HAJNIK und TIMON festgestellt wurde, daß dieses Gesetz nicht die Freiheit der letztwilligen Verfügung, sondern nur die Möglichkeit der Disposition unter den Lebenden in sich enthielt, und nur über die Mobilien oder höchstens die erworbenen Güter, da ja keiner, selbst nicht bei Lebzeiten, über das uralte Vermögen frei verfügen konnte. Wie bekannt ist, galt bis in die neuere Zeit, bis zur Abschaffung der Avitizität (1853) in bezug auf das uralte Vermögen immer das gesetzliche Erben als Regel, und für die testamentarische Erbfolge war nur ausnahmsweise Raum vorhanden, gewöhnlich dann, wenn

1) J. HAJNIK, *Magyar alkotmány és jog az Árpádok korában* (= Die ungarische Verfassung und das Recht in der Árpádenzeit). Pest 1872. 319—326 und A. v. TIMON, *Ungar. Verfassungs- und Rechtsgeschichte.* Berlin[2] 1909. 388—401.

gesetzliche Erben fehlten. Übrigens testamentarisch verfügen konnte man bis zum Ende des XIII. Jahrhunderts nur mit spezieller königlicher Erlaubnis, von da an auch nur dann, wenn der Betreffende keine direkten männlichen Nachkommen hatte, und so blieb jederzeit das Vorrecht des Rückkaufs der beteiligten Blutsverwandten [1]. Die Kirche jedoch betrachteten die Familien schon seit Stefan dem Heiligen als ihr seelisches Mitglied, und sie hörten nicht auf, diese als solches [2] in ihren Hinterlassenschaften zu beteiligen, speziell mittels des Testaments, dessen Verbreitung in Ungarn auch der Kirche zu danken ist, wie auch die Gerichtsbarkeit über die Gültigkeit der Testamente in ihren Wirkungskreis gehörte.

Das uralte Grundprinzip des patriarchalischen urrechtlichen Erbens war dies, daß die Frauen, die nur mittelbar an der Familienhausreligion durch ihren Vater oder ihren Mann teilnahmen, ferner bei der Besitzerwerbung durch die Waffe (auch nach WERBŐCZY I. 18) nicht mitwirken konnten, sogar das Familiengut in fremde Hände leiteten, vom Erben also gänzlich ausgeschlossen sein mußten in dem Maße, daß sie selbst, worauf ich schon im 2. Kapitel bei der Leviratsehe hinwies, als Erbgegenstände gemäß ihrem Kaufwert betrachtet wurden. Deswegen ist bei vielen Völkern auch jetzt das Erben der Frauen nicht bekannt. So bilden z. B. bei den Nogajer Tataren [3] die Mädchen einen Teil der Hinterlassenschaft. Anläßlich der Aufteilung der Hinterlassenschaft nämlich teilen die Brüder auch ihre Schwestern in einem bestimmt festgesetzten und ihrem *kalim* entsprechenden Werte unter sich, und ein jeder Bruder verkauft die ihm zugefallene Schwester als Gattin. Bei den Kirgisen zählen die Mädchen als Vermögen, und bei der Teilung nimmt man so viel Vieh als ihr Äquivalent, als sie Kalim für sie zu bekommen hoffen. An-

1) Trotzdem das ungarische Erbrecht seinen urrechtlichen Charakter bis zur Abschaffung der Avitizität bis zuletzt bewahrt hat, sind doch sehr lehrreich die Forschungen von ALADÁR ERDÉLYI (*A régi magyar családi hitbizományok története és joga* 1542—1852. Budapest 1912. I. 33—57 = Geschichte und Recht der alten ungarischen Familienfideikommisse) darüber, in welcher Weise die einzelnen königlichen Privilegien das Recht der letztwilligen Verfügung entwickelt haben, und inwieweit die Schenkungen der Habsburger von Fall zu Fall das System des Erbfolgerechts verändert haben.

2) Ein oft zitiertes Zeugnis hiervon, eine Urkunde des zum Geschlecht Csák gehörigen Gespans Csák des Jahres 1237 (FEJÉR, IV/1. 98 = WENZEL, XI. 294) hat I. SZENTPÉTERY (*A borsmonostori apátság Árpád-kori oklevelei.* Budapest 1916. 96. 121 = Urkunden der Árpádenzeit der Abtei Borsmonostor) als Fälschung nachgewiesen. Aber die Erklärung des Gespans Csák, daß er neben seinen sechs Söhnen als siebenten und gleichzeitig als Erstgebornen die Kirche annimmt, ist direkt aus dem Geist der Zeit entstanden, auch wenn die Tatsache sich nie ereignet haben sollte. Noch 1327 (*Zichy Okm.* [Urkunden] I. 297. 298) hat jemand ein Kloster als Sohn angenommen und alles ihm hinterlassen.

3) A. v. HAXTHAUSEN, *Studien über die inneren Zustände, das Volksleben und insbesondere die ländlichen Einrichtungen Rußlands.* Hannover 1847—52. II. 372.

fangs hielt man lange Zeit noch die von derselben Mutter Abstammenden nicht für Blutsverwandte, weil die Hausreligion die Verwandtschaft durch die Frau gar nicht erlaubte, z. B. bei den alten Römern, den Griechen, Hindus (FUSTEL DE COULANGES, a. a. O. 69—74) usw.; ebenso wie die weibliche Verwandtschaft auch heute nicht (*Turul* 1908. 112—114) die Mongolen, Ostjaken, Tscherkessen, Osseten usw. kennen. Die Serben nennen treffend die von der männlichen Linie Abstammenden Verwandtschaft durch das Blut, weil sie nicht nur aus gemeinsamem Blut stammen, sondern auch zur Blutrache verpflichtet waren, dagegen die von der weiblichen Linie Stammenden Verwandtschaft durch die Milch, welche zu dem allen nicht gezwungen waren [1]).

Der erste Schritt also zu der Entwicklung des weiblichen Erbrechtes geschah dann, als man die Verwandtschaft durch das Weib anerkannte, wenngleich freilich noch bei dem Erben in der weiblichen Linie die Männer den Frauen immer vorangingen. Noch weiter ging man dann, als man beim Fehlen männlicher Nachkommen das Erbrecht des Mädchens auch auf die Immobilien anerkannte.

Das alte ungarische Rechtssystem, das ebenfalls das Erben in der männlichen Linie in allem herrschend machte, begünstigte nicht das Erben der Frauen, obwohl nach JOSEF ILLÉS [2]) die ungarische Frau sowohl in personenrechtlicher wie auch in vermögensrechtlicher Hinsicht mit Bezug auf ihre westeuropäischen Schwestern schon sehr frühzeitig in günstigerer Lage war. So war auch z. B. die Institution des Mädchenviertels, das ihnen das Erben des vierten Teils des Familienvermögens sicherte, von den Ungarn aus [3]) schon im XIV. und XV. Jahrhundert in das polnische Gewohnheitsrecht übergegangen, obwohl es den Prinzipien ihres kodifizierten Rechtes widersprach.

Interessant und lehrreich ist auch zu sehen, wie sehr die von MATTYASOVSZKY gesammelten lebenden Erbrechtsgewohnheiten noch jetzt sich an die meisten charakteristischen und schon längst veralteten Sätze des alten heimatlichen Erbrechts klammern. Von diesen will ich insgesamt nur drei Beispiele als Zeugnis dafür geben, wieweit das lebende Gewohnheitsrecht standhaft konservativ ist, und

1) Die Germanen nannten die Verwandschaft nach dem Vater nach den Abzeichen des männlichen Geschlechts »Schwert« oder »Ger« Schwertmagen oder Germagen, Schwert- oder Germagschaft, die Verwandtschaft nach der Mutter nach dem Kennzeichen des weiblichen Geschlechts »Spille« Spielmagen oder Spielmagschaft.

2) *A magyar házassági vagyonjog az Árpádok korában.* Budapest 1900. = Das ungarische eheliche Güterrecht zur Zeit der Árpáden. *A törvényes öröklés rendje az Árpádok korában.* Budapest 1904. 26—47. = Die gesetzliche Erbordnung in der Árpádenzeit. *Öröklés a női vagyonban az Árpádok korában.* Budapest 1906. = Das Erben in den weiblichen Besitz in der Árpádenzeit.

3) G. WENZEL, *A magyar magánjog.* II. 428. = Das ungarische Privatrecht.

eine wie mächtige Widerstandskraft es auch gegenüber den noch geltenden Gesetzen zu entwickeln versteht. So sehen wir, obgleich das gegenwärtige Erbrecht mittelbar auf Grund des römisch-byzantinischen, bzw. unmittelbar auf Grund des französischen Code civil in allem völlig gleiche Teilung bestimmt, daß in einem sehr großen Teil Ungarns (M. MATTYASOVSZKY, a. a. O. 402—404) auch jetzt noch das Erben in der männlichen Linie verbreitet ist, d. h. daß in bezug auf die Immobilien nur die Söhne erben. Die Mädchen dagegen, besonders in den Komitaten Abauj, Borsod, Gömör, Sáros, Zemplén, Bereg, Bihar usw., obwohl sie Recht hätten auf einen völlig gleichen Teil an allem, sind nicht nur von allen Immobilien ausgeschlossen, sondern bekommen auch nicht das gleiche Erbteil, weil durch verschiedene Kniffe in der Wertschätzung [Ähnliches ließ übrigens schon das *Tripartitum* des WERBŐCZY zu (I. 89. 134. § 2 und 3)], das den Mädchen zugefallene Geld und die Mobilien immer weniger wertvoll sind (a. a. O. 308. 309. 311. 316. 359. 362. 385), zuweilen kaum ein Viertel des Pflichtteils ausmachen. Und sie ertragen ihre Benachteiligung dennoch ohne Murren, weil man die alten lokalen Rechtsgewohnheiten weit mehr schätzt als das Staatsrecht, auch wenn man dadurch Schaden erleidet.

Eine andere spezielle Rechtsgewohnheit offenbart sich bei den Erbschaftsteilungen darin, daß die teilenden Parteien jedes einzelne, noch so kleine Stück der Immobilien unter sich teilen (a. a. O. 299. 315. 316. 337. 364. 365), auch wenn dadurch die aufgeteilten Grundstücke vollkommen unbrauchbar und wertlos werden, so sehr, daß man z. B. in Varannó (im Zempléner Komitat) Grundstücke von der Größe nur mehr eines Taschentuches sehen kann. Die Wut dieser bis zum Äußersten gehenden Teilung, die gerade meistens beim Ungartum[1]) ein so trauriges Zeichen der Atomisierung der Besitzverhältnisse und des schon an und für sich so zwerghaften Besitzes ist, entsteht aus dieser urrechtlichen Auffassung, die unter gleichberechtigten Parteien nur eine handgreiflich reale und unbedingt gleiche Teilung fordert und keinerlei Wertausgleich annehmen will. In Göcsei, Westungarn (*Ethn.* VIII. 92. *Értesítő* XV. 123, ferner auch *MNy.* 1918. 30) z. B. teilen die Kinder im väterlichen Hause auch so, daß sie das Ganze zerreißen und auch das Material desselben unter sich teilen, wie wir solches manchmal in alten adligen Teilungsurkunden sehen; z. B. im Jahre 1531 (Das Archiv Földváry zu Tancs unter den Rechtsanwaltsschriften des Siebenbürger Tafelgerichts des Staatsarchivs) haben in Karánsebes auf einem Grund-

1) J. CZETTLER, *Magyar mezőgazdasági szociálpolitika.* Budapest 1914. 385–89. = Ungarische landwirtschaftliche Sozialpolitik.

stück in Hausgemeinschaft lebende Brüder das mittlere Haus nach Balken (secundum trabes) untereinander geteilt.

Zu den interessantesten Erbrechtsgewohnheiten gehört die Begünstigung, an welcher bei den durch die Eltern bewirkten Erbschaftsteilungen bald der älteste (speziell in den Nationalitätengegenden Ungarns, a. a. O. 295. 298. 312—314. 320. 328—331. 335. 349. 358. 368. 370. 372. 373. 379), bald wiederum der jüngste Sohn (einige zerstreute Beispiele aus den Komitaten Árva, Trencsén, Zólyom, Szepes, aber überwiegend beim Ungartum in den Komitaten Ung, Borsod, Heves, Pest, Somogy, Baranya, Vas, Zala, im Széklerland und schließlich bei den Sachsen, a. a. O. 298. 312. 314. 328. 335. 336. 348. 368. 373. 379. 389. 390. 391. 394) teilzuhaben pflegt. Den Grund hierfür stellen sich sowohl die Sammler der Erbgewohnheiten wie auch die Bearbeitung von MATTYASOVSZKY ganz und gar als zufällig vor, und sie suchen die Ursache speziell in der individuellen Gewogenheit der einzelnen Eltern, obwohl in Wirklichkeit hier zwei uralte Rechtsgewohnheiten miteinander ringen, gemeinsam mit dem jetzigen neueren, die gleiche Teilung fordernden, wirklichen Recht. Auch dort noch, wo, wie bei einigen Deutschen und Rumänen in den Komitaten Esztergom, Tolna, Baranya, Vas, Sopron, Komárom, Szatmár, Máramaros, Arad, Torontál, Temes und Krassó-Szörény die Stammeserbsitte [1]) Brauch ist, d. h. der Besitz auf den einzigen Erben übergeht, während die meisten nur eine Abfindung erhalten, geschieht es auch, daß nicht nur der älteste, sondern hier und da auch (a. a. O. 373. 374 in den Gemeinden Liget und Fólya des Komitates Temes) der jüngste Sohn einziger Erbe wird.

Das Recht der Erstgeburt (majoratus) hatte zweifellos einen lehnsartigen Charakter, den nach MATTYASOVSZKY auch der Lehnherr auf die unter seiner Macht stehenden Grundstücke der Leibeigenen zu dem Zwecke anwandte, um ihre Unteilbarkeit zu sichern. Jedoch hieraus hat der Verfasser versäumt, auf die gegenwärtige Lage zu schließen, obgleich evident ist, daß, wo jetzt die Bevorteilung des ältesten Sohnes Brauch ist, dort einmal überwiegend gutsherrliche Leibeigenengemeinden bestanden haben. Eine Gegenprobe dafür bildet beiläufig das Vorrecht des jüngsten Sohnes (minoratus, junioratus) auf das alte Haus, oder seine Begünstigung, daß er bei der Teilung als erster wählen kann, weil diese Rechtsgewohnheit auch heute noch da am meisten vorkommt oder wenigstens ehedem vorkam, wo das Urbarium, die lehnsherrliche Macht nicht sehr bekannt war, und deswegen die uralten Rechtsgewohnheiten auch unverändert be-

1) a. a. O. 300. 319—327. 334. 353—355. 363. 367. 369—375. 382. 383. 405. 406. 408—412. 415. 421.

wahrt werden konnten. So z. B. besonders bei den Siebenbürger Sachsen, bei den Szeklern (*Népr. Ért.* XII. 104), dann im Kumanenland (ebenda X. 39), ferner zerstreut in einzelnen früheren adligen Gemeinbesitzen des Landes und in den weniger von der gutsherrlichen Macht abhängigen Marktflecken. Ferner besteht es auch bei den Palowzen (*Ethn.* IX. 365), in Kalotaszeg [1]) und bei den Ruthenen im Komitat Máramaros (*Népr. Ért.* X. 231). Aber nicht weniger finden wir ebendiese Rechtsgewohnheit im alten ungarischen Rechtsleben. Das *Tripartitum* des WERBŐCZY (I. 40. § 2) weiß auch, daß das väterliche Haus dem jüngsten Sohne als Unterkunft und Wohnung zufällt. Dieser Satz des Tripartitums ist wirklich eine der ältesten ungarischen Rechtsgewohnheiten. Schon im Jahre 1231 (FEJÉR, *Cod. dipl.* III/2. 228), als Nikolaus aus dem Geschlechte Csák seinen Familienedelhof (quia locus est specialis, quod vulgo dicitur *Wduorhel*) seinen sämtlichen Söhnen gemeinsam überließ, hat er ausbedungen, daß die darauf befindlichen Gebäude nach der Sitte Ungarns Eigentum des jüngsten würden (ut mos est in Hungaria iunior habebit). Das Recht des Jüngsten auf das väterliche Haus als Landesgewohnheitsrecht bestätigen Urkunden aus dem Jahre 1326 (*Anj. Okmt.* II. 261), 1439 (*Haz. Okmt.* IV. 319), 1446 (*Teleki Oklt.* II. 24) und aus dem Jahre 1465 (*Haz. Okmt.* V. 279) usw., ja nach den späteren kam das Recht auch dem jüngsten Mädchen zu. Eine Urkunde aus dem Jahre 1325 (*Anj. Okmt.* II. 231) weiß auch von der Landessitte, daß der jüngste Sohn bei der Teilung zuerst wählen kann.

Diese Rechtsgewohnheit war aber nicht nur in Ungarn seit alten Zeiten Sitte, sondern auch teilweise in der ganzen alten Welt verbreitet, denn sie gehört ja unter die ältesten Rechtsbegriffe. Sie besteht in der *borough english* Institution des englischen Rechtes, im alten irischen Recht (*gavelkind*) und im Waliser keltischen; in den nordwestlichen Teilen Frankreichs: in den alten coutumes von Artois, Picardie, Bretagne, Rohan und Quevaise, in Brabant, in Deutschland (GRIMM, a. a. O. 475. 944), in der Juveignerie im Oberelsaß; auf Bornholm, in Ostfriesland, Corvey, Westfalen, Württemberg, im Odenwald und Schwarzwald, in Schlesien, in dem schweizerischen Graubünden; im alten tschechischen, litauischen und polnischen Recht, in Montenegro, in dem kroatischen Statut von Poljica (33); in dem zwischen Knin und Nona herrschenden alten kroatischen Gewohnheitsrecht; in Calabrien; bei den Rumänen, in der russischen *Russkaja Prawda* [2]), im Kaukasus bei den Osseten, bei den Grusen in dem Gesetz König Vachtangs VI. aus dem Jahre

1) J. JANKÓ, *Kalotaszeg* 70.

2) GOETZ, *Das russische Recht* in ZfvglR. XXVIII. 363. 394—396.

1723, das aber auf das Gesetz vom Jahre 1318 zurückgeht (die russische Übersetzung in der Ausgabe von FRAENKEL und BAKRADZE, Tiflis 1887); unter den finnisch-ugrischen Völkern bei den Lappen, Samojeden und Tscheremissen; bei den Tataren in den Gesetzen des Dschinghis-Khan (schon RUBRUQUIS schreibt in der Mitte des XIII. Jahrhunderts, daß »curia enim patris et matris semper accidit iuniori filio«, den man daher Feuerhüter nannte; BASTIAN, *Rechtsverhältnisse* 185); bei den Kirgisen (der jüngste Sohn erbt, der bei seinem Vater bis zu dessen Tode blieb und ihn auch begrub!); im uralten indischen Recht, und schließlich in Hinterindien.

Was nun den Ursprung dieser uralten Rechtsgewohnheiten betrifft, so erklärt sie MAINE SUMNER folgendermaßen (*A jog öskora.* 426; Lectures on the early history of institutions. London 1893. 218—223): Nach dem alten römischen patriarchalischen Rechtsprinzip nämlich hörten, sobald die aus der väterlichen Gewalt (patria potestas) befreiten (emancipierten) Söhne aus der Familie austraten, sie damit auf, Mitglieder der Familie zu sein, d. h. sie nahmen weder teil an der Hausreligion der Familie noch konnten sie fürderhin einen Anspruch auf Erbschaft machen. Das war also der Grund dafür, daß wiederum der daheim gebliebene, nicht befreite, sondern noch immer unter der patria potestas stehende jüngste Sohn erbte, d. h. neben den übrigen Brüdern bevorzugt wurde. Diese präzise Erklärung, die einigermaßen in das Dunkel der alten ungarischen Familienorganisation hineinzuleuchten gestattet, ergänzt lehrreich, gerade aus diesem Gesichtspunkt, auch noch die Auffassung von MONTESQUIEU (*Esprit des lois.* Paris. 240. 241. livre XVIII. chap. 21), der das bei den Tataren herrschende ähnliche Erbrecht des jüngsten Sohnes auf Grund der Daten Pater DU HALDEs aus dem Hirtenleben erzählt, wonach die älteren Söhne nacheinander mit einer bestimmten Anzahl von ihrem Vater erhaltener Stücke Vieh aus der Familie ausscheiden, um eine neue Unterkunft und eine neue Familie zu begründen, während der jüngste Sohn bei seinem Vater bleibt und dann deswegen sein Erbe wird. Es wirkt aber heute eigenartig, wenn dann Montesquieu die einzelnen englischen und französischen, teilweise herrschenden Juniorate ebenfalls aus diesem Nomadenleben ableiten will.

Demgegenüber tadelte MONTESQUIEU in seinen *Lettres Persanes* No. 120 die Ungerechtigkeiten des Rechtes der Erstgeburt, deren Ursprung zu den strittigsten Fragen der Rechtsgeschichte gehört[1]). So viel ist sicher, daß es nur durch das Lehnswesen allgemein wurde, besonders in Frankreich schon seit Ende des IX. Jahrhunderts, dann in England, Sizilien und zu einem Teile in Spanien, überall dort, wo

1) MAINE SUMNER, *A jog öskora.* 184—198. 422—427.

im Gegensatz zu den italienischen und deutschen Lehen die Unteilbarkeit der Lehen herrschendes Prinzip wurde, dem zufolge dann das Lehen immer auf den älteren oder den Erstgebornen überging, der hinwiederum die später Geborenen entsprechend versorgen mußte (*apanage, parage, frérage*). Ja in England überlebte es sogar das Lehnswesen, da ja die Beschränkung des Besitzes auf den ältesten Sohn jetzt noch besteht, daher also stammt das charakteristische geflügelte Rechtswort, daß das englische Erbrecht dem Erstgebornen das Land, den übrigen Kindern hingegen das Meer zukommen läßt. Anderwärts ist jetzt dieses Rechtssystem nur bei Fideikommissen zur Geltung gekommen, so auch in Ungarn (A. ERDÉLYI, a. a. O. II. 185—259), wo anfangs, d. h. von 1542 ab zwar das Seniorat, d. h. das Recht des Ältesten, herrschte, doch später seit 1653 schon das Majorat, bzw. die Primogenitur vorherrschend wurde, dessen wesentlichen Bestandteil vor 1848 gewöhnlich nicht die alten, sondern nur die erworbenen Güter (a. a. O. II. 174—178) bildeten.

Zu den insgesamt fünf ausführlichen Fragepunkten Mattyasovskys über die Erbrechtsgewohnheiten bedarf es aber noch mehrmaliger verschiedener anderer Fragen; so z. B. über die bei den Erbteilungen geltenden verschiedenen Rechtsgewohnheiten, Zeremonien, Symbole und Teilungsarten gemäß den verschiedenen Mobilien und Immobilien, welche den Gegenstand der Teilung bilden. Wer nimmt teil an der Erbteilung? Gibt es verschieden große und verschiedenwertige Erbteile und warum? Können die Eltern zur Bestrafung irgendein Kind benachteiligen? Kann der Vater bei Lebzeiten des Großvaters dem Sohn auszahlen? Überhaupt welches sind die Fälle, von denen auch schon WERBŐCZY (I. 52. 53) weiß, wo der Vater dem Sohne auszahlt oder der Sohn den Vater dazu zwingen kann? Was für Regeln herrschen in der betreffenden Gemeinde bei der Verteilung der Hinterlassenschaften? Wie erben die Verwandten der aufsteigenden, der Seitenlinie, wie die Gatten? Wie die adoptierten Kinder? (Z. B. gibt es nach dem russischen und spanischen Recht für die Adoptierten kein Erbrecht.) Wie gelangt das Witwenrecht zur Geltung? Auf welche Art erbt die Witwe? Wer erbt von dem mütterlichen Vermögen? Geschehen religiöse Hinterlassenschaften oder solche zu öffentlichen Zwecken? Wie geschehen letztwillige Verfügungen, oder Verfügungen zwischen Lebenden? usw.

Es wäre auch lohnend, die rechtliche Stellung der außerehelichen Kinder ausführlicher beim Volke zu beobachten, nicht bloß aus gewohnheitsrechtlichem, sozialem und ethnographischem Interesse, sondern auch vom Gesichtspunkt des ursprünglichen Rechtes. In den patriarchalischen Gesellschaften war der eheliche Sohn vorwiegend immer der, welcher zur Aufrechterhaltung des Familienkults, zur

Ahnenverehrung, zum Erben des Familienvermögens und zur Fortsetzung der Familie berufen war. In einer anderen, ebenfalls sehr alten orientalischen Gruppe dieser Gesellschaften aber erbten sämtliche Kinder des Familienoberhauptes gleichmäßig, gleichgültig, ob sie von seiner Gattin oder von den Konkubinen abstammten. So war es bei den alten Juden[1]), wo man nur die Blutsverwandtschaft in Anschlag brachte, also auch die aus Blutschande, sogar aus Ehebruch hervorgegangenen Kinder als ehelich betrachtete. So aber scheint es, daß die Lage der Kinder in der Familie doch nicht ausschließlich auf der Anerkennung des Vaters beruhte, sondern daß auch die gesetzliche Gattin das Kind der Konkubine (I. Moses XXX. 3. 9) anerkennen mußte, damit es gleichberechtigt mit den ehelichen Kindern wurde. Nach dem alten babylonischen Recht und in dem mohammedanischen Recht noch heute, z. B. bei den Persern, gibt es keinen Unterschied zwischen ehelichen und außerehelichen Kindern. Manche glauben auch, daß solch eine vollständige Gleichberechtigung der außerehelichen Kinder ein Überrest aus der Zeit des Matriarchats, der matrilinearen Organisation sei.

Im allgemeinen aber erben die außerehelichen Kinder überhaupt nicht, auch nicht durch ihre Mutter, wie z. B. im englischen, französischen und deutschen Recht; oder nur durch ihre Mutter, wie z. B. im alten dänischen Recht; oder auch nur einen Teil des väterlichen Vermögens, bei den Langobarden beispielsweise erbten sie die Hälfte von dem, was die ehelichen bekamen; oder wenn sie gleichmäßig erben, dann, wie z. B. bei den Spaniern, den Osseten und Kabardinern, nur von dem erworbenen Vermögen ihres Vaters; schließlich erben sie an vielen Orten nur, wenn keine ehelichen Kinder da sind. In Ungarn hatten die außerehelichen Kinder kein Erbrecht. In Anbetracht dessen ist es charakteristisch, daß der ungarisch glossierte lateinische Codex aus dem XV. Jahrhundert, die *Sermones dominicales* (ed. A. SZILÁDY, Budapest 1910. I. 604), den Bastard *nemtelen* = sippenlos nennt, d. h. einen solchen, der nicht zur Sippe (*nem*) seines Vaters gehören kann und überhaupt außerhalb jeder Sippe steht, also an den Vorrechten der *nem* + *es* = Sippen + Angehörige keinerlei Anteil hat. Nur manche in Ungarn lebenden Rechte fremden Ursprungs gewähren den Bastarden einige Begünstigung. So hatten z. B. nach den siebenbürgisch-sächsischen Statuten des XVI. Jahrhunderts (II. 2. 4. 5) Bastardkinder unter einigen Vorbehalten ein Erbrecht. JOH. KIRÁLY[2]) hält für wahr-

[1]) S. MAYER, *Die Rechte der Israeliten, Athener und Römer.* II. 463.

[2]) *Pozsony város joga a középkorban.* Budapest 1894. 107. 157. = Das Stadtrecht von Preßburg im Mittelalter.

scheinlich, daß auch in Preßburg die Bastardkinder nach der Mutter erben konnten.

Sind nicht irgendwelche Zeremonien oder Symbole der Legitimierung der außerehelichen Kinder übriggeblieben? Es ist bekannt, daß in verschiedenen historischen Gewohnheitsrechten auch bei der Legitimation all die verschiedenen Zeremonien (GRIMM, a. a. O. 155. 160. 463) in Gebrauch waren, wie wir sie im 3. Kapitel bei den Adoptionen aufgezählt haben. Die germanischen Rechte, mit Ausnahme des langobardischen, kannten noch nicht die Legitimation der außerehelichen Kinder. Die Legitimation durch nachträgliche Heirat führte Konstantin der Große ein. Das allgemeine Symbol derselben bestand in England, Frankreich und Oberitalien [1]) darin, daß man bei der Trauung die vor der Verheiratung geborenen Kinder unter den über das Ehepaar ausgebreiteten Mantel stellte, welche Sitte die Kirche dem jüdischen Recht entlieh. In Deutschland aber knüpfte man die zu legitimierenden Kinder entweder an den Gürtel der Mutter (Gürtelkinder) oder deckte sie mit ihrem Schleier zu oder pflegte sie unter dem Mantel eines der Eltern (Mantelkinder) zu verbergen.

Diese letztere Sitte befolgte also in der Mitte des XVI. Jahrhunderts (*Tört. Tár.* 1881. 357—365) der Szekler FRANZ NEMES, als er seine außerehelichen Kinder vor dem Geistlichen unter seinen Mantel nahm. Aber im Jahre 1424 (Staatsarchiv Dl. 35 498) hat der Judex Curiae Stephan Kompolthi von Nána die vier außerehelichen Kinder eines Adligen aus dem Verőcer Komitat, deren Mutter ihr Vater erst weit später, nachdem die Söhne bereits erwachsen waren, heiratete, als außerehelich verurteilt und ihnen alle Erbschaft ihres Vaters entzogen. Dieses Beispiel ist um so auffallender, weil ja im Mittelalter im allgemeinen die kirchlichen Behörden ebenso über die Gültigkeit der Ehe urteilten wie darüber, ob die Kinder legitim oder illegitim waren; so hat z. B. in Ungarn im Jahre 1330 (*Korrbl. d. Ver. f. Siebenb. Landeskunde.* 1900. XXIII. 59. 60) das Siebenbürger bischöfliche Konsistorium die drei Töchter eines sächsischen Pfarrers für illegitim erklärt und ihnen die von ihrem Vater ererbten Besitzteile genommen. Andererseits erkannte das Kirchenrecht die Legitimation der außerehelichen Kinder durch nachträgliche Heirat an, vorausgesetzt, daß zur Zeit der Empfängnis des Kindes zwischen den die nachträgliche Heirat Schließenden keinerlei Ehehindernisse vorhanden waren.

---

1) GÉNESTAL, *Histoire de la légitimation des enfants naturels en droit canonique.* Paris 1905. F. KOGLER, *Die legitimatio per subsequens matrimonium* in ZdSavSt. German. Abt. XXV. 94—171.

Eine andere Art der Legitimation ist die vermittels päpstlicher oder fürstlicher Gnade, die auch in Ungarn vorhanden war und von der schon WERBŐCZY (I. 108) wußte, aber er hält sie nur für statthaft, wenn sie ohne Schädigung der legitimen Söhne und Erben und mit ihrem Willen geschieht, d. h. also sozusagen nur dann, wenn keine Söhne oder Enkel vorhanden waren. In England (DU CANGE, a. a. O. V. 61. Legitimatio) kannte man auch nie ein Recht des durch nachträgliche Heirat legitimierten Sohnes auf das Erben der väterlichen Güter, und man nannte einen solchen Sohn »Weib, weibischen Sohn« (mulier, filius mulieratus).

Schließlich sei noch erwähnt, daß nach der Lehre des Kirchenrechts bei den Findelkindern keine Praesumptio bestehen kann, ob sie legitimer oder illegitimer Geburt waren [1]). Nach der Vorschrift Papst Gregors XIV. aus dem Jahre 1591 gewannen alle kirchlichen Orden und Brüderschaften, die für Findelhäuser sorgten, das Privileg, daß die von ihnen erzogenen Findlinge immer als legitime Kinder zu betrachten seien. Daher kommt dann auch, daß in Ungarn die Waisenhäuser auf Grund eines besonderen königlichen Freibriefs (z. B. das Privileg des Waisenhauses von Hermannstadt vom 25. März 1770) ebenfalls das Recht erworben haben, daß Kinder von vielleicht illegitimer Abstammung durch ihre Aufnahme in das Waisenhaus legitimiert wurden.

Schließlich wären noch entsprechende Fragen nötig über Stellung unter Kuratel und Vormundschaft über Minderjährige (z. B. kann eine Frau auch Vormund sein? Gibt es irgend eine Zeremonie oder ein Symbol der Vormundschaft? usw). In den patriarchalischen Gesellschaften fiel die Vormundschaft, teilweise auch die Kuratel, in einem allerdings von dem jetzigen abweichenden Begriffe, anfangs dem Stamm oder dem Geschlecht, später der Familie zu. Wenn indessen die Familie oder die Sippe dem Mündel keinen entsprechenden Vormund stellen konnte, dann sorgte das Haupt des Stammes oder Geschlechtes dafür, woraus dann später die höchste Vormundschaftspflicht und Macht des Fürsten oder Königs hervorging, der diese dann durch eine abgeordnete, beauftragte Person (tutela dativa) ausübte. Solche Vormünder übten über ihre Pflegebefohlenen, gleichsam

1) FR. S. HÄGEL, *Die Findelhäuser und das Findelwesen Europas, ihre Geschichte, Gesetzgebung.* Wien 1863. RATZINGER, *Geschichte der kirchlichen Armenpflege.* Freiburg 1884. G. RATZINGER, *Az egyházi szegényápolás története. Fordította a bpesti növendékpapság magyar egyházirodalmi iskolája.* Budapest 1886–87. I. II. mit einer Skizze der Geschichte der ungarischen kirchlichen Armenpflege als Anhang. LALLEMAND, *Histoire des enfants abandonnés et délaissés, études sur la protection de l'enfance aux diverses époques de la civilisation.* Paris 1885. LALLEMAND, *Histoire de la charité.* Paris 1906. Tome III. *Le moyen âge du X. au XVI. siècle.* L. RULAND, *Das Findelhaus, seine geschichtliche Entwicklung und sittliche Bewertung.* Berlin 1913.

als ihre stellvertretenden Väter, die väterliche Macht in größerer oder geringerer Vollständigkeit aus und forderten hinwiederum von ihnen kindlichen Gehorsam. Sie verwalteten das Vermögen vollständig so (tutela usufructuaria), als wenn es ihnen selbst gehört hätte, und sie waren keine Rechenschaft schuldig, wie z. B. die Vormünder in den englischen und französischen Lehen. Sie konnten auch frei über die Person der Pflegebefohlenen verfügen, wofür die schon im 2. Kapitel bei der väterlichen Macht aufgeführten Belege als Beweis dienen können; so z. B. wenn der ältere als Vormund der Geschwister den jüngeren Bruder oder die jüngere Schwester verkaufen, versetzen (was bei den Tscherkessen und Osseten auch heute noch vorkommt), der Kirche anbieten konnte und ihre Eheschließungen von seiner Einwilligung abhingen. Die Vormünder wußten in bezug auf die Ausübung der Rechte weder der Kontrolle der Familie und der Sippe noch der Einmischung der Behörde oder des obersten Vormunds in etwaigen Beschwerden zu entgehen. Solche gesetzliche Vormundschaft innerhalb der Sippe (*tutela legitima*) führte immer der nächste männliche Verwandte und so weiter, zuerst zwar noch aus der Reihe der Verwandten der männlichen, dann auch der weiblichen Linie, d. h. immer diente hierbei die Erbordnung als Anleitung. Es kam aber auch vor, wie z. B. im Waliser keltischen Recht, daß man den Vormund nicht aus des Vaters, sondern aus der Mutter Geschlecht nahm, worin manche wieder eine Spur der alten matrilinearen Organisation sehen.

Die testamentarische Vormundschaft (*tutela testamentaria*), welche der Vater für sein Kind anordnete, wurde erst später und meistens im städtischen Rechtsleben heimisch, z. B. in Deutschland, wo der älteste Fall aus dem Jahre 1120 stammt. Ein Entgelt für die Vormundschaft und die Vermögensverwaltung kannten die alten Rechte gewöhnlich nicht, aber das westgotische, das alte litauische und das polnische Recht haben zu diesem Zweck den zehnten Teil des Einkommens bestimmt. Interessant ist, daß in Böhmen[1]) der Vater dem Vormund seiner Kinder auch in dem Falle das Erbrecht zu übertragen pflegte, wenn die Kinder noch minderjährig stürben. Den Vormund nannte man deutsch (GRIMM, a. a. O. 433. 465. 466) unter anderem *gerhabe*, gleichsam einer, der die Pflegekinder *auf dem gêren,* d. h. auf dem Schoße hält; daher geschah auch bei den Deutschen die Zeremonie der Vormundschaft durch das Setzen auf den Schoß oder das Knie, was wir schon im 3. Kapitel bei der Annahme an Erbesstatt sahen, auch kam sie hier bei der Heirat zur

---

1) KAPRAS, *Die Vormundschaft im altböhmischen Landrechte* in *ZfvglR.* XVIII. 358—428.

Geltung, d. h. wenn die Frau unter die Vormundschaftsgewalt des Mannes kommt. Das römische Recht wünschte einen solchen Vormund, der keinen Erbanspruch auf das Vermögen des Mündels hätte, demzufolge unterschied man die *tutela* (den Schutz) von der *cura* (der Pflege) und an Stelle des *Tutor*, der im Interesse der Familie verwendet wurde, stellte man immer mehr den *Curator* in den Vordergrund, da er den Gesichtspunkt des Gemeinwohls besser vertrat, und als solcher als ein öffentlicher Beamter angesehen wurde. All diese Bestrebungen entwickelten sich dann noch mehr in der byzantinischen Gesetzgebung. Die meisten Rechtssysteme, die dagegen auf die Vormundschaft der Familie, der Sippe Gewicht legten, kannten weder diese Unterscheidung noch eine dementsprechende Einrichtung, höchstens, wahrscheinlich unter dem Einfluß des römischen Rechts, finden wir sie in italienischen Städten seit dem XIII. Jahrhundert, wo der Verschwender unter Kuratel gestellt wurde.

In Ungarn basierte[1]) das Vormundschaftsrecht ebenfalls auf Sippenverbänden. Hier führte auch immer das nächste Sippenmitglied die Vormundschaft, z. B. im Jahre 1237[2]) war Achilles aus der Sippe Zsidó Vormund für Mácsa aus ebenderselben Sippe, und als solcher verkaufte er das Eigentum des Mündels, behielt sich aber für ihn das Recht der Widerrufung vor. Um 1260[3]) erlaubte König Béla IV., daß die Töchter des Banus Benedek aus der Sippe Osl sich bei ihrer Großmutter väterlicherseits, der Witwe des Osl Banus von Macsó, ebenfalls aus der Sippe Osl, bleiben dürften. Außer der gesetzlichen Vormundschaft zeigt sich die höchste vormundschaftliche Macht des Königs, wie auch eine durch ihn geordnete Vormundschaft in der Urkunde des Jahres 1244 (*Haz. Okmt.* IV. 31), wo König Béla IV. die Hauptvormundschaftspflicht betreffend die Enkel Dénes' auf Balduin, den Gespan des Komitats Vasvár übertrug und so den Schutz für diese königlichen Waisen ihm anvertraute. Von der Belegstelle des Várader Regestrums aus dem Jahre 1220 (Nr. 258; alte Nummer 190), wo die Brüder, zweifellos als gesetzliche Vormünder, ihre Schwester verpfändeten, war schon im 2. Kapitel bei der väterlichen Macht die Rede. Als ältestes Beispiel der testamentarischen Vormundschaft können wir vielleicht den Fall anführen, als zwischen 1206—18 (*Sopron. Okl.* = Ödenburger Komit. Urkunden I. 6) der in den Diensten

---

1) A. Timon, a. a. O. 307. G. Wenzel, *A magy. magánjog rendsz.* = Das System des ungarischen Privatrechts. II. 380—402.

2) Wenzel, *Árp. Új. Okmt.* VII. 47; vgl. J. Karácsonyi, *A magyar nemzetségek a XIV. század közepéig* = Die ungarischen Sippen (generationes) bis zur Mitte des XIV. Jahrhunderts. Budapest 1901. III. 160.

3) *Haz. Okmt.* VII. 43; vgl. *Száz.* 1909. 567.

des Königs und des Erzbischofs von Kalocsa stehende Krieger Iván seinen Besitz dem Herrn, dem Kalocsaer Erzbischof aushändigte zu dem Zwecke, damit er ihn für seine Frau und Kinder schütze (ad defendendum uxori meae et pueris meis). Noch deutlicher wäre die testamentarische Vormundschaftsverordnung aus dem Jahre 1249 (WENZEL, a. a. O. II. 213), nur kann sie als Fälschung nicht in Betracht kommen. Erwähnenswert ist aus dem Jahre 1310 (*Anj. Okmt.* I. 214—215) das Testament einer Mutter, die, alles ihrem Manne hinterlassend, ihre Töchter auch der Treue ihres Vaters anvertraut, indem sie hinzufügt, daß niemand aus der mütterlichen Verwandtschaft etwas dawider gesagt hat. Am lehrreichsten ist ein Fall aus dem Jahre 1494 (*Ung. Staatsarchiv.* DL. 20152), wo ein Vater all seinen Besitz auf den im Testament bezeichneten Vormund seiner Töchter einschrieb, der dann demgemäß die Töchter in sein eigenes Haus nahm. Der eine der Verwandten jedoch verklagte den Vormund vor dem Judex Curiae aus dem Grunde, weil der betreffende Vormund mit seinen Pflegebefohlenen in keinerlei Verwandtschaft stand, also mit Bezug auf jene vollständig fremd war. Der Landesrichter gab der Klage statt, weil er es für unzulässig hielt, daß der Betreffende der Vormund sein und sie weiterhin in seinem Hause behalten könne. Demzufolge entzog er ihm die Vormundschaft und ordnete an, daß die Mädchen zu irgendeinem Verwandten gehen oder in das Haus ihres Vaters ziehen sollten. Außerdem nahm er dem Vormund die Besitztümer des Vaters und sprach sie den Mädchen zu. In dem alten Ofener Stadtrecht [1]) erscheint schon die bestellte Vormundschaft, welche immer der städtische Rat den ohne Verwandte hinterbliebenen Waisen beigegeben hat. In dem Pressburger mittelalterlichen Recht (J. KIRÁLY, a. a. O. 106—109) war der Vormund der minderjährigen Kinder gewöhnlich die Mutter, auch für ihre illegitimen Kinder. Bemerkenswert ist, daß man auch andere weibliche Verwandte als für die Vormundschaft geeignet hielt. Auch die Stadt bestellte Vormünder; wenn aber jemand seine Pflichten nicht erfüllte, so entzog sie ihm die Vormundschaft und setzte einen anderen an seine Stelle. Man stellte auch »Pfleger«, aber nur für Kinder im gesetzlichen Alter und überhaupt für alle, die im Recht unerfahren waren.

WERBŐCZYS *Tripartitum* (I. 113—132) beschäftigt sich sehr ausführlich mit der Institution der Vormundschaft, soweit sie zu seiner Zeit entwickelt war. Er kennt bereits alle drei Arten der Vormundschaft, aber bei ihm ist die älteste, nämlich die gesetzliche Vormundschaft der Familie oder der Sippe, schon völlig in den Hintergrund

---

1) NÉDA RELKOVIĆ, *Buda város jogkönyve* = Das Ofener Stadtrecht. Budapest 1905. 130.

gedrängt gegenüber der testamentarischen Vormundschaft (I. 114. 119. 120) und hat über alle anderen einen Vorrang gewonnen. Der testierende Vater aber oder der Großvater war durch das Gewohnheitsrecht in bezug auf die Person des testamentarischen Vormunds (*gyám*, ältere Form *gyámol*, I. 113. 114. 119) sehr gebunden. Im allgemeinen ist weiterhin das Prinzip aufrechterhalten, daß die Vormundschaft in erster Linie den Verwandten zukommt, und zwar denen, die als gesetzliche Erben des Vermögens der Minderjährigen in Betracht kommen, in der Reihenfolge, welche die Erbordnung für sie bestimmt. D. h. in erster Linie führten die Verwandten der männlichen Linie die Vormundschaft und namentlich mit Bezug auf die Güter der Manneslinie nur sie; für die Besitztümer der beiden Linien (I. 116. § 3) kam zuerst die Verwandtschaft der männlichen Linie in Betracht, und erst nach ihr die der weiblichen. Frauen, die noch nicht verheiratet waren, wurden immer unter Vormundschaft gehalten und konnten nicht selber Vormund sein (I. 91. 117. 121), eine großjährige Schwester stand also nicht über einem minderjährigen Bruder, obwohl sie über ihren Besitz innerhalb einer gewissen Grenze selbständig und frei verfügen konnten. Der Mutter fällt die gesetzliche Vormundschaft über ihr Kind zu, jedoch auch hierin kam ihr der Großvater väterlicherseits (I. 113. 114) zuvor; das Testament des Vaters kann sie durch Ernennung eines testamentarischen Vormunds von der Vormundschaft auch ausschließen. Der testamentarische Vormund hatte über das mütterliche Vermögen der Kinder keinerlei Macht. Hierüber hat immer die Mutter verfügt, und nur wenn das unterblieb, konnte die Vormundschaft auf den Vater übergehen, solange er lebte; wenn nicht, dann konnte die Mutter zwar nicht einen Vormund, wohl aber einen Curator bestellen. Wenn eine Mutter als Adlige einen Nichtadligen geheiratet hatte, dann wurde nach ihrem Tode der Witwer Vormund ihrer Kinder, aber wenn er das Vermögen derselben verschwendete, dann wurde ihm die Vormundschaft entzogen. Diese Strafe (I. 114) auf einen adligen Vater zu erstrecken, hat aber das Gewohnheitsrecht nicht für nötig gehalten.

Die Vormundschaft in bezug auf die Söhne, das sogenannte gesetzliche Alter, erlosch einst mit Erreichung des 14., später des 12. Jahres. War jedoch aus irgendeinem Grunde auch weiterhin die Vormundschaft für den Knaben notwendig, dann nannte man jenen nicht mehr Vormund, Curator (*gondnok*, alte Form *gondviselö*). Während man ohne Willen des noch nicht im gesetzlichen Alter stehenden Knaben einen Vormund zum Schutze nicht nur seines Vermögens, sondern auch seiner Person bestellte, so konnte das im gesetzlichen Alter stehende Kind selbst den Curator wählen, und hierin konnten ihn nicht einmal Bestimmungen des Vaters hindern. .Die Macht des Curators konnte bis zur Volljährigkeit des Pflegebefohlenen, d. h. bis zu seinem 24. Jahr, währen und beschränkte sich nur auf das Vermögen, in bezug auf die Person des Knaben hatte er keinerlei Macht in den Händen. Damit hing wahrscheinlich die Verfügung des ungarischen Gewohnheitsrechtes (I. 111. § 6) zusammen, das die Kinder, welche schon das gesetzliche Alter erreicht hatten, dazu ermächtigte, daß sie bei ihren rechtlichen Obliegenheiten Rechtsanwälte ernennen konnten. Deswegen hieß man dieses Lebensalter das gesetzliche, weil sie schon von da an Prozesse führen konnten. Die geisteskranken Knaben dagegen (I. 55. 124. § 4) blieben dauernd unter der Macht des Vaters und nach dessen Tode unter der des älteren Bruders.

Was schließlich die Verwaltung der Vormundsgüter betraf, so hatten hierin zur Zeit Werbőczys die Vormünder so freie Hand wie einst; nur wenn sie verdächtig (I. 125) wurden, dann mußten nicht nur sie, sondern auch eventuell ihre Nachkommen Rechenschaft ablegen; untreue Vormünder wurden für ehrlos erklärt. Außerdem, im Falle der vom König bestellten (I. 115) Vormundschaft, d. h. wo Verwandte fehlten, forderte man auch, daß sie ein Inventar über das Vermögen der Pflegekinder verfertigten und daß sie nach Ablauf der Vormundschaft Rechenschaft gäben. Betreffs des Inventars und der Abrechnung wurde für sämtliche Vormünder nur das 24. Gesetz vom Jahre 1655 allgemein bindend, an Stelle der endgültigen Rechenschaft führte erst das 68. Gesetz des Jahres 1715 die zeitweilige Abrechnung ein und setzte gleichzeitig schon eine Entlohnung für den Vormund fest, nämlich ein Sechstel des Nettoeinkommens. Bei den Waisen der Magnaten finden wir schon seit Ende des Mittelalters immer mehr, zuweilen 9—10 Vormünder, wahrscheinlich wegen der leichteren Verwaltung der in die verschiedenen Komitate verteilten Vormundschaftsbesitztümer, was jedoch meistens gerade dem Vormundschaftsvermögen Schaden bereitete. Was schließlich die Waisen der Leibeigenen anging, so war ihre Vormundschaftsbehörde immer der Gutsherr, daneben haben die Patrimonialgerichte und Komitate die Kontrolle ausgeübt.

Personenverzeichnis.

N.

O.

P.

Q.

R.

S.

T.

U.

V.

W.

Z.

Sachverzeichnis.

Frommannsche Buchdruckerei (Hermann Pohle) in Jena. — 4951

FSC
www.fsc.org
MIX
Papier | Fördert
gute Waldnutzung
FSC® C083411

Kolibri 360 GmbH
Ferdinand-Jühlke-Straße 7
99095 Erfurt, Deutschland
produktsicherheit@kolibri360.de